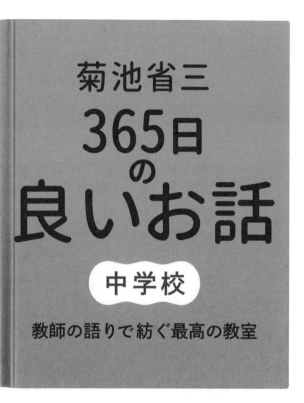

はじめに

　子どもたちに価値ある話をするのは，教師としての仕事です。
　子どもたちに価値ある語りを聞かせるのも，教師としての仕事です。
　忙しい毎日の中で，このことが忘れ去られてきているように感じています。
私は，1年の大半を全国の学校に行っています。たくさんの授業を参観した
り，たくさんの飛込授業を行ったりしています。このような生活を10年以上
も続けています。

　そんな中で，多くの先生から，
　「菊池先生の話は，子どもたちの中にストンと落ちていきますね」
　「子どもたちが，菊池先生の話を食い入るように聞いていました」
　「子どもに届くあの語り方は，どうやって身につけたのですか？」
　「教師のパフォーマンス力は大事ですね。ポイントは何ですか？」
　といった感想や質問をいただくことがあります。嬉しい「ほめ言葉」です。
　現職として教壇に立っていた33年間と，その後の10年間で身につけたコミ
ュニケーション力を，今回は『菊池省三　365日の良いお話　中学校』とい
う形で，菊池道場の仲間とまとめてみました。

　本著の特色として以下の3点を挙げたいと思います。
　1つ目は，双方向のコミュニケーションを意識したということです。今ま
での教師の話し方について書かれた教育書は，どちらかというと一方通行の
「スピーチ」型が中心でした。
　本著は，双方向のコミュニケーションを強く意識しました。具体的な子ど
もたちとの「やりとり」を入れて，「会話・対話」型を中心としたのです。
それによって，教室内のリアルな語りの様子や雰囲気が再現されていると思
います。

2つ目は，語る話の中に力のある資料や具体例を入れているということです。価値ある生き方をされた先達の言葉や，言い伝えられている名言や格言を入れているということです。

　話の構成にも工夫を凝らし，それらの言葉が「お説教」にならないようにもしています。子どもたちの心に強く残る話の内容になっているはずです。

　3つ目は，教師のパフォーマンスを意識して，その在り方を示しているということです。コミュニケーションは，言葉だけではありません。教師が語るときの，表情や口調，体の動きなども細かく示しています。

　教師の非言語の在り方，つまりパフォーマンスは，子どもたちの感情を大きく左右します。それらによって伝わり方が大きく変わるのです。

　本著の内容を参考に，先生方が実際に語るときの参考にしていただきたいと思います。

　この中学校版は，菊池道場佐賀支部の中野秀敏先生を中心に10名の先生方に執筆していただきました。実際に教室で子どもたちに語り，その事実をもとに文字を起こし，何度もその原稿の検討を行っていただきました。

　それだけに，どの話も安定性があり，力のあるものになりました。その量は，内容をテーマ別に15節に分けて総数が60話になっています。執筆していただいた先生方に心から感謝しています。ありがとうございました。

　本著が，先生方が目指す「最高の教室」に近づく語りの「最高の教科書」になることを，執筆者全員が願っています。

　子どもたちに価値ある話を，自信をもって語っていただきたいと思います。

　　　　　　　　　　　　2025年１月　　菊池道場　道場長　菊池　省三

目次

はじめに 002

1章 最高の教室をつくるお話と語り 012

2章 ほめ言葉があふれるクラスにする 365日のお話

第1節 「学級開き」で思いを伝えるお話

026 | リセットの季節
　　　昨年度までをリセットして，新学期の希望をもたせるための語り

028 | 心のコップを上向きに
　　　先生や友達のアドバイスを素直に受け止める心構えをつくるための語り

030 | チクリは正義
　　　1年の始めにいじめを許さないクラスをつくるための語り

032 | 挨拶は信頼の証
　　　挨拶の大切さを今までとは違う視点から感じさせるための語り

第2節 「友達の良さ・大切さ」を伝えるお話

036 | 最高のプレゼント
　　　自分も友達も大切な存在であることを伝えるための語り

038 | ちがいを楽しむ
　　　友達がいるから授業が楽しくなることを実感させるための語り

040 | 大切な小指
　　　一人ひとりの良さに目を向ける大切さを伝えるための語り

042 | 友達によって喜びは大きくなる
　　　　友達がいることの素晴らしさを実感できるようにするための語り

第3節 「クラスのまとまりをつくりたいとき」のお話

046 | 勝ちよりも価値あるもの
　　　　1人の本気の姿からクラスみんなをつなげていくための語り

048 | 信じる＝生きるみなもと
　　　　仲間のがんばりに目を向けさせ，一体感を高めるための語り

050 | 愛の反対は○○○
　　　　仲間に関心をよせる大切さを伝えるための語り

052 | 受験は団体戦
　　　　仲間と一緒に目標に向かって進んでいかせるための語り

第4節 「公」と「私」を学ぶお話

056 | 公の場で通用する人
　　　　公の場での振る舞いについて考えさせるための語り

058 | 束になって伸びる
　　　　公の場で通用する人を目指し，学年・学級集団を伸ばすための語り

060 | 「行動」の4レベル
　　　　クラス・学年のスタートに自発的な行動を促すための語り

062 | 心遣い・思いやりはみんなが幸せになるキーワード
　　　　公の場での心遣いや思いやりの大切さを実感させるための語り

第5節 「みんなで笑顔になりたいとき」のお話

066 | 鏡は先に笑わない

暗い空気感やそわそわした空気感を断ち切るための語り

068 | 世界の共通言語は○○

沈んだ空気を，笑顔でプラスな空気感に変える語り

070 | 君はすでに○○をもっている

人間関係をより良くしていくための語り

072 | 平和は○○○から始まる

笑顔が周りに良い影響を与えることを伝えるための語り

第6節 「トラブルがあったとき」のお話

076 | マイナスをプラスに変えよう

相手への捉え方を変えるきっかけにするための語り

078 | 他責から自責へ

自分に矢印を向けて，成長できるようにするための語り

080 | 空気の暴力

いじめなどのトラブルを未然に防止するための語り

082 | いじめ

いじめをきっかけに安心できるクラスをつくるための語り

第7節 「行事の良さ・意義を伝えたいとき」のお話

086 | 目的と目標

賞だけでなく，学級や一人ひとりの成長に目を向けさせるための語り

088 | 桜が咲くために必要なもの
　　　　行事が苦手な生徒のことを思いやるあたたかい心を育むための語り

090 | 率先垂範
　　　　率先して手本を見せることが，成長につながると意識させる語り

092 | 行事的打ち上げ花火にするな
　　　　行事の成功を，より良い学校生活での成長につなげるための語り

第8節 「成長を実感させたいとき」のお話

096 | なりたい自分，ありたい学級
　　　　１年後の自分の理想イメージを抱かせるための語り

098 | 若竹のように伸びよう！〜節になれ〜
　　　　困難を乗り越えることの意味を実感させるための語り

100 | 一日生きることは
　　　　一日でも成長している自分に気づかせるための語り

102 | 100の成長
　　　　互いの成長を認め合える心を育てるための語り

第9節 「話す力・聞く力を育てたいとき」のお話

106 | 聴くは思いやり
　　　　相手を思いやった聴き方について考えさせるための語り

108 | 聞き手がいるからこそ……
　　　　安心感のある対話を生み出すための語り

110 | 場数を踏む
　　　　人前で話すことへの不安を成長につなげるための語り

112 | 対話の最大値は 5 × 5
　　　　お互いを尊重し合う対話を引き出すための語り

第10節 「読む力・書く力を育てたいとき」のお話

116 | **読書で言葉と出合う**
読書の意義をみんなで考えさせるための語り

118 | **批判的に読む**
批判的に読むことの大切さを伝えるための語り

120 | **書くことは考えること**
書くことが自分やクラスの成長につながることを感じさせるための語り

122 | **書くことで決まる覚悟**
書くことで，学級の成長を加速させるための語り

第11節 「努力の大切さを伝えたいとき」のお話

126 | **1.01と0.99の努力の差**
小さな努力を継続していくことの価値を伝えるための語り

128 | **努力の先にあるもの**
努力をしてもうまくいかなかったとき，心を前向きにするための語り

130 | **努力の輪は広がる**
努力は広がり自分だけでなく誰かの力にもなることを伝えるための語り

132 | **人を見るな　自分を見ろ**
自分自身の努力の価値に目を向けさせるための語り

第12節 「思いやりの大切さを伝えたいとき」のお話

136 | **想像力は思いやり**
相手の立場を考える心を育むための語り

138 | 思いは見えないけれど思いやりは見える

　プラスの行動で思いやりを広げるための語り

140 | ありがとうの意味

　感謝の思いがあふれるクラスにするための語り

142 | 敵ではなく仲間

　対戦相手へのリスペクトをもてるようにするための語り

第13節　「命の大切さを伝えたいとき」のお話

146 | 忘れられないように今を生きる

　たった一度きりの人生を，より良い人間関係で充実させるための語り

148 | 生きた証

　自分自身のこれまでとこれからを考えさせるための語り

150 | 人生の時間銀行

　命や時間を大切にする心を育むための語り

152 | しゃぼん玉

　生きていることは当たり前ではないことを伝えるための語り

第14節　「自主性を育てたいとき」のお話

156 | 才能の差・努力の差・継続の差

　継続して自主学習する大切さについて考えさせるための語り

158 | 思いを言葉や行動に

　自主的に動くことが，仲間の力になることを考えさせるための語り

160 | 挨拶でチャンスをつかもう！

　自分からする挨拶がどんな意味をもつのかを考えさせるための語り

162 | 本当の勝者

　自分たちで動くことの意味を感じさせるための語り

第15節 「あなたの素晴らしさを感じさせたいとき」のお話

166 | **違うからこそあなたが輝く**

　　人と違うことの素晴らしさを感じさせるための語り

168 | **あなたの「好き」は「世界」を動かす!?**

　　好きなことを貫く素晴らしさを感じさせるための語り

170 | **あなたの決意があなたの人生をつくる**

　　自分の決意が今後の人生をつくることを実感させるための語り

172 | **ナンバーワンチームのその先へ**

　　一人ひとりの素晴らしさを感じさせ未来への希望をもたせるための語り

1章

最高の教室をつくる お話と語り

最高の教室とは

　私が考える「最高の教室」とは，次のような教室です。
　・一人ひとりが自分らしさを発揮し，
　・お互いがそれらを認め合い，磨き合って，
　・1人も見捨てないで，全員で成長し合う教室
　そのためには，「毎日の授業」と「日常の教師の語り」が大切になります。「毎日の授業」で子どもを育てるということは，以前からいろんなところで言われています。授業で子どもを育てることは当たり前です。
　しかし，もう1つの「日常の教師の語り」については意外と取り上げられてきませんでした。「あの先生の学級づくりは素晴らしい」「あの先生の人柄がいいから子どもたちが育っている」といったことは，多くの教育現場でささやかれていましたが，その秘密については解き明かされてきませんでした。
　私は，その秘密のカギとなるのが「日常の教師の語り」であると思っています。何をどのように話すのか，そのあたりのことはあまり重要視されてこなかったと思うのです。我々教師は，無自覚だったと思うのです。
　中学校は教科担任制ですが，毎日子どもたちと接しています。朝から帰りまでにいろんなことを子どもたちに話しています。それらは多岐にわたり，年間を通すと膨大な量です。
　どの先生も子どもたちの成長のためにと考え，毎日子どもたちに話をしています。それらが子どもたちによりたしかに伝わることで，教室は大きく変わってくると思います。成長する「最高の教室」に近づくと思います。
　ところが残念なことに，そうなっていない教室も多いのが現状です。教師の話と語りが子どもたちに届いていないのです。
　本著では，「最高の教室」をつくり出すために，15のテーマごとに4つずつの話を集めました。合計60話になります。そして，それらの語りの在り方を具体的に示しました。
　次ページからその根底となる考え方や基本となる実践群について述べます。

教師が身につけるべき2つのコミュニケーション力

教師が身につけるべきコミュニケーション力には2つの種類があります。

1つ目は、論理的なコミュニケーション力です。

わかりやすさを追究するコミュニケーション力です。

例えば、次のような話し方です。

・結論の後に理由を話す

　例)静かにします。なぜかというと〜〜だからです。

・話したいことを3つに整理して話す

　例)大切なことが3つあります。

　　　1つ目は、〜です。2つ目は、〜です。3つ目は、〜です。

ある知識や情報を一斉に伝えるときには有効な話し方です。どちらかというと、一方通行になりがちなスピーチ系の話し方です。

コミュニケーション関係の多くの教育書やビジネス書では、この話し方を紹介する内容が多く取り上げられています。プレゼン的な話し方が中心となるため、声の出し方や大きさ、話すスピードや態度などが指導のポイントと示されることが多いです。一言でいうなら説明文的な話し方です。

2つ目は、話芸的なコミュニケーション力です。

国語科でいえば、音読→朗読→語りの系列になる文学的な話す力です。

ここでは、話し方の工夫が求められます。例えば、声の大小や口調、間(ま)、抑揚、体の動きや顔の表情などです。スピーチ的ではなく、話し言葉らしいトーク的な話し方になることによって、子どもたちの心に響く話し方になります。子どもたちからの反応も豊かになるので、双方向のコミュニケーションが生まれてきます。教室の中に、会話や対話が生まれてくるのです。

私たち菊池道場は、この2つのコミュニケーション力を大事にしていますが、今回のお話の語りでは、後者の話芸的な話し方を重視しています。

2つのコミュニケーションの公式

　私たち菊池道場では，コミュニケーションに関する公式を，次の２つにまとめて表しています。

　◆**コミュニケーション力の公式＝（内容＋声＋表情・態度）×相手軸**

　これは，どちらかというとスピーチ系のコミュニケーションの公式です。つまり，子どもたちの前で，ひとまとまりの話を筋道立てて話すときには意識しておきたい項目を示しています。

　〇内容……わかりやすい構成，具体的な表現など
　〇声………ちょうど良い大きさ，高低，間（ま）など
　〇表情……笑顔，視線，目の動きなど
　〇態度……指や手や腕の動き，足の動きや開き方など
　〇相手軸…愛情，豊かな関わり合いなど
　全体に伝えようとするときには，この公式の考え方が重要です。

　もう１つのコミュニケーションの公式は，会話や対話時の公式になります。次のように考えています。

　◆**会話力・対話力の公式＝聞くこと×話すこと**

　お互いが，同じくらい話したり聞いたりし合うことを基本としていることを示しています。「５×５」が最大積になることを示しているのです。

　もちろん話せなくても一生懸命にリアクション豊かに聞いていたら，この公式は最大積に近づいていて成り立っているという考え方をしています。

　そして，会話や対話は話し手と聞き手が交代しながら成立していくものですから，子どもたちと呼応しながら話を進めていく教師の語りの場合は，前述したコミュニケーション力の公式の各要素が特に問われることになります。

　声や表情や動きといった教師の非言語パフォーマンス力が問われることになるのです。このことは，本著でも重要視したポイントでもあります。

ライブ力を意識した教師のパフォーマンス力

　私は，授業や指導時に話を語る際に，次ページで示している「菊池省三が考える『授業観』試案⑦　『コミュニケーション科』授業ライブ力」の各項目をいつも意識しています。

　外側の「笑顔力」「上機嫌力」「身体表現力」「10割ほめる力」の４つは，その場の空気をつくり動かす上でとても大切です。本著でも強く意識したことです。どの語りにおいても必要なものです。

　この４つを活かしながら，中の「マネジメント力」「トーク力」「つかみ力」「パフォーマンス力」を話の内容や展開によって工夫していくのです。

　教室での教師の語りは，その場そのときのまさしくライブであります。教師のパフォーマンス力が問われます。

　パフォーマンス学の第一人者である佐藤綾子氏は，『カウンセラーのためのパフォーマンス学』（金子書房）で，身体動作を以下のように７つに分類しています。
　①顔の表情（目の動き，眉の動き，口の形）
　②視線（まばたき，凝視の方向，凝視の時間，瞳孔の拡張）
　③指・手・腕の動き，腕組み
　④姿勢（向き，傾き，立ち方）
　⑤首のうなずき，かしげ方
　⑥身体全体の移動時間
　⑦足の動き，開き方
　話を語るときにも，この身体動作は意識したいものです。ライブ感が出てきます。話し手である教師と聞き手である子どもたちが呼応してきます。

　前ページの「会話力・対話力の公式」のところでも述べたように，非言語パフォーマンスが重要なのです。

　教師は，自分が表現者であることを強く意識すべきだと考えています。

1章　最高の教室をつくるお話と語り　015

菊池省三が考える「授業観」試案⑦
「コミュニケーション科」授業ライブ力

ver.1.5

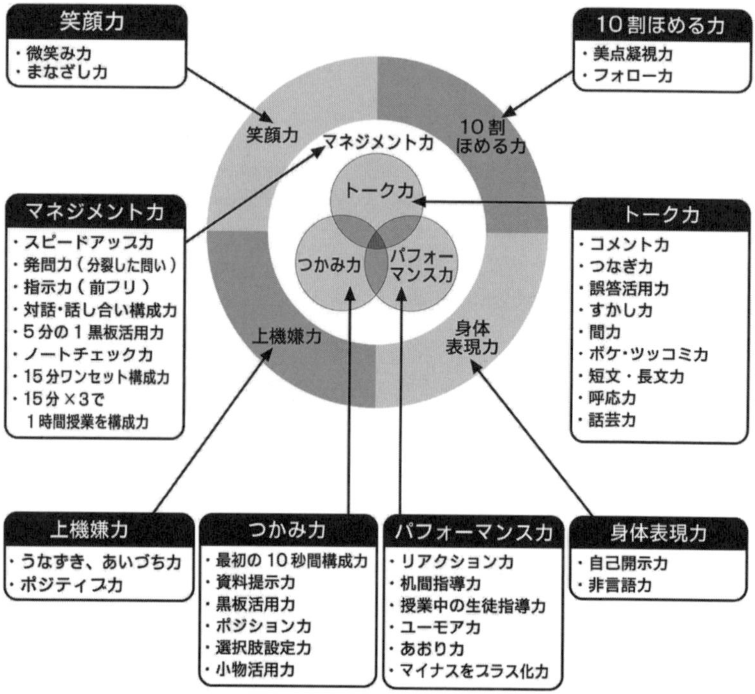

笑顔力
・微笑み力
・まなざし力
10割ほめる力
・美点凝視力
・フォロー力
笑顔力
マネジメント力
10割
ほめる力
トーク力
つかみ力
パフォーマンス力
上機嫌力
身体
表現力
マネジメント力
・スピードアップ力
・発問力（分裂した問い）
・指示力（前フリ）
・対話・話し合い構成力
・5分の1黒板活用力
・ノートチェック力
・15分ワンセット構成力
・15分×3で
1時間授業を構成力
トーク力
・コメント力
・つなぎ力
・誤答活用力
・すかし力
・間力
・ボケ・ツッコミ力
・短文・長文力
・呼応力
・話芸力
上機嫌力
・うなずき、あいづち力
・ポジティブ力
つかみ力
・最初の10秒間構成力
・資料提示力
・黒板活用力
・ポジション力
・選択肢設定力
・小物活用力
パフォーマンス力
・リアクション力
・机間指導力
・授業中の生徒指導力
・ユーモア力
・あおり力
・マイナスをプラス化力
身体表現力
・自己開示力
・非言語力

でも、子どもたちが楽しく学び合う、授業をつくっていくキーパーソンは教師でありますから、この教師のパフォーマンス力っていうのはすごく重要だと思います

あるいは、関係性をつくって動かす、そういった力っていうのはすごく重要になると思います

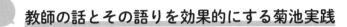

教師の話とその語りを効果的にする菊池実践

　ここからは，本著でもいくつか取り上げられている菊池実践について説明します。
①「ほめて・認めて・励ます」を基本とする
　私たちは，「型」を重視する授業観ではなくて，「学習意欲」を重視する授業観に立っています。子どもたちを加点法で評価しています。
　私は，授業中は「10割ほめる」を努力目標にしています。授業中に叱ったら教師の負けであると考えています（生活面で叱ることはあります）。

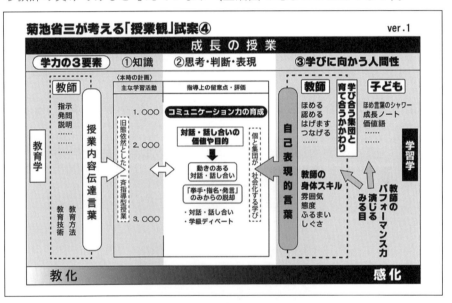

　この試案図④は，ほめることでどのような授業や指導を目指しているのかを示しています。
　従来の指示，発問，説明といった授業内容伝達言葉が中心の授業ではなく，ほめて・認めて・励ますといった教師の感動からくる自己表現的言葉も意識した授業観や指導観に変えたいのです。
　本著の話の語りにおいてもこの考え方は変わっていません。

1章　最高の教室をつくるお話と語り　017

②価値語

「価値語」は，私がつくった造語です。子どもたちの考え方や行動をプラスに導く言葉を「価値語」と呼んでいます。

例えば，たった1人でも正しいことややるべきことをしている子どもがいたら，「1人が美しい」という言葉と共にほめたり，全員で交流するときには「ひとりぼっちをつくらない」といった価値を言葉で示したりして，子どもたちを成長に導く「価値語」を植林していくのです。

子どもたちの中に，こうした「価値語」が増えていくと，日常の行為が変わってきます。何が正しいことなのか，どうすることが良いことなのかが具体的にわかってきます。

徳目的に抽象的な言葉を示すのではなく，日々の学校生活の事実と関係した，生きた言葉を示すことが大切なのです。公の場での振る舞いが美しくなっていきます。

本著の語りの中でも，子どもたちの成長に必要な価値ある言葉を，シャワーのように与え，植林しています。
（写真は，価値ある行為の写真と価値語をセットにした「価値語モデル」）

③ほめ言葉のシャワー

　ほめ言葉のシャワーは，30年ほど前に始めた私の実践です（参照：『ほめ言葉手帳』明治図書）。現在では，北は北海道から南は九州・沖縄にまで，日本全国に広がっています。また，小学校の教室から始まりましたが，今では，保育園・幼稚園，中学校や高等学校，企業でも実践されています。

　ほめ言葉のシャワーは，「一人ひとりの良いところを見つけ合い，伝え合う活動」です。学級経営にも直接関わってくる活動です。

　ほめ言葉のシャワーが軌道に乗ってくると，子どもたちの様子が変わってきます。それは，授業にも大きな変化をもたらします。子ども同士の横の関係が良くなりますから，ペアやグループでの学習が活発に行われるようになります。

　本著での話の語りの後に，そこで学んだことを日々の生活に活かしている子どもたちが，お互いにほめ言葉のシャワーを使ってほめ合うことで，より高め合おうとすることでしょう。

（写真は，その日の主人公にほめ言葉のシャワーを行っている様子）

④成長ノート

「成長ノート」は,「ほめ言葉のシャワー」と並ぶ,私にとって二大実践といえるものです。25年ほど前から取り組んでいます。

「ほめ言葉のシャワー」で,コミュニケーション力を育て,「成長ノート」では,書く力を育てることを目指しています。

このノートは,一言で表すならば,「教師が全力で子どもを育てるためのノート」です。教師が,クラスの子どもたちを社会に通用する人間に育てようという強い思いをもとに,教師自身が信じる価値観を子どもに投げ続け,子どものそれに対して真剣に応えていくという,双方向のノートなのです。

具体的には,「成長ノート」の指導は次のねらいをもって行います。

・教師が書かせるテーマを与える
・書くことに慣れさせる
・自分の成長を意識させる
・教師と子どもがつながる

本著の実践でも積極的に活用しています。
(写真は,教師のコメントが入った実際の「成長ノート」です)

⑤成長年表

「成長年表」とは，学級が取り組んだ価値ある取り組み（行事など）を短冊に記して，それらを年表の形にして掲示したものです。短冊には，取り組んだことと，そこで大切にした価値語をセットに記入します。

具体的には，以下のような短冊になります。

・取り組み名「体育祭」＋価値語「集団の美しさ」
・取り組み名「合唱コンクール」＋価値語「響き合う心と思い」
・取り組み名「○○さんが転校」＋価値語「竹馬の友は永遠に」
・取り組み名「授業参観」＋価値語「成長を示す」

短冊の下に，そのときの写真を掲示するとより効果は高まります。

大切にしているのは，「型」で押さえつける指導観ではなく，子どもたちの「学習意欲」や「変容」を重視した指導観です。子どもたちをほめて育てるために，教室内に成長年表を掲示し活用しているのです。

本著でも，子どもたちの成長の足跡を目に見える形にする「成長年表」を活用している事例を挙げています。先生が語られた内容も短冊にして掲示していただきたいと願っています。

（写真は，短冊が並んでいる実際の「成長年表」です）

⑥白い黒板

　「白い黒板」とは，黒板の中央にテーマを書き，それについて子どもたち全員が，自分の考えを書いていく活動です。白いチョークの文字で黒板が白く見えるようになるところから「白い黒板」と呼ぶようになりました。

　黒板に書かれたことをもとに，新たな目的や目標をつくり上げていきます。「白い黒板」を書いた後，全員の意見を聞いたり，交流したりして，新たな自分の考えを成長ノートに書き出させ，教師がコメントを書きます。こうした取り組みによって，「公」を意識した子どもが育ち，教師と子どもをつなぐ手立てになっていきます。

　「白い黒板」ができあがると，子どもたちは達成感を感じます。全員の意見が１つになってできあがった黒板は，子どもたちにはとても嬉しいものです。「白い黒板」は，子どもたちが全員で創る学級の象徴です。また，黒板を「教える側の教師」から「学びの主体である子どもたち」に開放することでもあります。教師の話や語りから学んだことを，「白い黒板」で共有することは，子どもたちの心に深く刻まれます。
（写真は，黒板が白く見えるほどに文字が書かれた「白い黒板」です）

（菊池　省三）

2章

ほめ言葉があふれる クラスにする
365日のお話

「学級開き」で思いを伝えるお話

　第1節では，学級開きで生徒のやる気を引き出し，クラスのつながりを生み出すための語りを想定しています。この期間の生徒はやる気に満ちあふれています。それが「新学期」のもつ力です。その気持ちは生徒の様々な行動に表れます。教師が生徒の気持ちが表れた行動に目を向けて「ほめて価値づける」ことで，クラスに前向きな空気感がつくられます。

　気になるあの子も間違いなくこの新学期に希望を抱いています。控えめなあの子も新学期に自分を変えたいと思っているはずです。その気持ちを行動に表していいのだと思える出会いの場をつくりましょう。

　一方で，昨年度のマイナスなイメージを引きずっていることもあります。多くの生徒が不安も同時に抱えているのです。そんなプラスとマイナスな感情に寄り添い，マイナスな感情を減らし，プラスな考えに導く語りをしたいと考えています。

　また大事なポイントとして，「管理統率の視点」だけでなく，前向きな気持ちのあふれる4月だからこそ，生徒と教師，生徒同士の「つながりを生む時間」にする視点をもちましょう。仲間や教師への信頼なしにコミュニケーションあふれるあたたかな学級集団はつくられません。

この節のポイント
①教師の前向きなビジョンを語り，マイナスな気持ちをリセットする
②成長ノートや振り返りを共有し，クラスに前向きな言葉をあふれさせる

教師の前向きなビジョンを語り、マイナスな気持ちをリセットする

　この時期は、生徒がやる気と希望に満ちあふれています。その気持ちを伸ばしてあげることが最優先事項です。しかし、1年の間には必ずトラブルも起こります。様々なことに悩み、4月の前向きな気持ちが薄れてしまうこともあります。友達を傷つけてしまうこともあります。

　だからこそ、1年間の見通しを立てましょう。前向きな語りと同時に未然防止として、クラスからなくしたい行動や言葉を伝えます。4月に語っておくからこそ、不安定な時期が訪れても、その話に立ち返ることができます。

　生徒はすぐには変われません。しかし、必ず変わると信じて関わっていきます。そう願って伝えたことは生徒に確かに伝わるはずです。

成長ノートや振り返りを共有し、クラスに前向きな言葉をあふれさせる

　4月は心のコップが上向きで行動にもそのやる気が表れます。教師が行動を価値づけたいものです。しかし、未熟な人間関係の中では自分の前向きな気持ちを行動に表せない生徒もいます。そこで、言葉に表すことができる成長ノートや振り返りを書かせることで、前向きな心の中を表出させ、前向きな気持ちが行動につながるように背中を押しましょう。

　この成長ノートや振り返りにはマイナスな言葉を書こうとする生徒はほとんどいません。だからこそ、3月までは前向きな気持ちを表出することができなかった生徒の前向きな気持ちを受け止めることができるのです。そんな気持ちが書かれた成長ノートや振り返りは、その生徒に確認を取ってから、ぜひ学級通信などでクラスに共有してみてください。

　教師の力だけでは生徒を成長させることはできません。変わりたい、成長したいと思う気持ちを応援する仲間の存在が必要です。ぜひ前向きな言葉をクラスで共有して、つながりを生み出し、仲間とともに成長する集団をつくりましょう。学級開きの中で、その大切な一歩を踏み出してみてください。

第1節 「学級開き」で思いを伝えるお話

リセットの季節

>>> 昨年度までをリセットして，新学期の希望をもたせるための語り

ねらい

過去の失敗体験から，人間関係や学習に不安を抱える中学生。自分と友達に対するマイナスな感情をリセットして，成長を信じる心構えをつくります。

　みなさん，進級おめでとうございます。いい顔をしていますね。先ほどの集会も今も，話を聞く姿勢にみんなの新学期に対するやる気を感じますね。隣の人の話の聞き方を見てあげてください。
　友達のがんばりに笑顔になれましたね。
　（いい姿勢の生徒の近くに歩いて近づきながら）
　こういう姿を「やる気の姿勢」と言います。でも，新学期にはがんばろうという気持ちだけでなく，不安な気持ちもあって当然です。そんなみなさんにこの新学期が素敵だと思える考え方を紹介します。
　音楽プロデューサーの秋元康さんは「新学期が好き」と言いました。リセットしてゼロからスタートできるからだそうです。みなさんが今，新学期にリセットしたいことはなんですか？
　ノートに書き出してみましょう。
　隣の人に「いくつあった？」と聞いてください。
　<u>新学期はだれもが「変わりたい」と思っていい時間です。</u>秋元さんは「リセットの季節」（『自分地図

・明るい声で話を聞く姿勢と心の姿勢を価値づける
▶ 周りを見て少しずつ緊張感がほぐれていく
・教師が喜びながらほめて価値づける
▶ 友達のがんばりに顔が上がる生徒が増える
・秋元さんの画像
・書けた生徒と対話して価値づけることで，マイナスなことも書きやすい空気をつくる
・間を十分にとって

第1節 「学級開き」で思いを伝えるお話

を描こう』大和書房)という詩の中でこう言いました。

「昨日までの自分を捨てなさい。君が内気だったことなんて,みんなが忘れてくれます。君が異性と上手に話せなかったことなんて,みんなが忘れてくれます。その代わり,君も,彼が勉強していなかったことを忘れてあげてください」

<u>自分を変えることは難しい。でも新学期という「節目」だからこそ,みんなは変わろうとしていいのです。自分と友達の成長を信じていいのです。</u>

Aさんは変わろうと強い決心をした表情をしていますね。みんなも隣の人の顔を見てあげて下さい。

一つ約束してほしいと思います。<u>節目だからこそがんばろうとする仲間を決して馬鹿にしてはいけません。変わろうとする自分と,仲間の気持ちを大切にできるクラスをつくりましょう。</u>いい顔になりましたね。最高の1年間の始まりです。

自分に弱さがあっていいと全員が共感できるように目線を合わせて
▶ 顔が上がらない生徒がいなくなる

・だれが変わりたいと思って聞いているか,生徒の表情を見ながら語る
・生徒の成長を強く信じていることが伝わるように力強く語る
・全員と目線を合わせる
▶ 凛とした空気感の中で,教師の話を真剣に受け止めている

POINT

❶ 始めにみんなが不安を抱えているということを共有します。詩でその不安を取り除きます。持ち上がりならば,リセットしたい点をペアトークしてもいいでしょう。

❷ 成長ノートや生活ノートを利用して,この詩を読んで芽生えた前向きな思いを書かせて,共有するとさらに効果が高まります。

(小﨑 良行)

第1節 「学級開き」で思いを伝えるお話

心のコップを上向きに

>>> 先生や友達のアドバイスを素直に受け止める心構えをつくるための語り

ねらい

学級の関係性がつくられる年度はじめのこの時期に，教師の言葉かけや，友達の良き行動から素直に学び，成長しようとする心構えをつくります。

　みなさんいい顔で話を聞いていますね。新たな仲間とともに成長しようという意欲に燃えていますね。
　みなさんの心は今このような状態です。
（コップ，ペットボトル，容器を出して水を注ぐ）
<u>このコップに水がたくさん入るように，心のコップが上向きだから，集会の校長先生や私の話を素直に聞き入れ，吸収して，自分の成長に活かせます。</u>

　でも「うぜぇ。めんどくせ」こんな言葉を一度は口にしたことがありませんか？　隣の人に聴いてみてください。「言ったことある？」ありそうですね。
　こんな言葉を口にする人の心のコップはこんな状態です（逆さのコップに水を注ぎながら）。

　長い１年の中では，心のコップが下向きになって，みんなのことを思ってくれている親や，先生の言葉を素直に受け入れられないことがあります。

- 心のコップが上向きなことを価値づける
  ▶ ほめ言葉に笑顔が増える

- 実際にコップに水を注ぐ

- 親や教師の言葉を受け入れられない自分がいることを共感できる空気をつくる
  ▶ 言ったことあるよね。ないの？と笑顔のやりとりが増える

028

でも本当は，そうやってあなたにアドバイスをくれる人こそが，あなたを成長させてくれる大切な人なのです。友達がアドバイスをくれたとき，先生や親に叱られたときこそ，素直な心でその言葉を受け入れましょう。

最近，素直に反省できなかったことがある人は隣の人に謝ってみましょう。「ごめんなさい！」

たくさんの人が謝っていましたね。素直に反省できるみなさんはやはり心のコップが上向きです。

しかし，心のコップを上向きにしようとがんばる人を，周りが邪魔することがあります。それは反省しようとしているのに，「あの子が悪いから，あなたは悪くないよ」と反省する心に蓋をする人や，友達が反省して本気で変わろうとしているのに，噂話をして過去を引きずり，そのチャンスを潰す人です。そんな関係をこのクラスにはつくりたくないですね。

教卓に心のコップを置きます。いつでも「自分の心のコップは上向きかな」と思い返してください。

・素直に反省することがいいことだと実感できるようにする

▶先程よりも多くの生徒が笑顔になり，ごめんと言い合う

・トーンを落として真剣に

・気になるあの子だけでなく，あくまで全体に語る

▶昨年度の自分と向き合いながら聞き，表情が引き締まる

・心のコップの話にいつでも戻れるように布石を打つ

```
POINT
```
❶4月の生徒は多くが心のコップが上向きな状態。だからこそ，全校集会や学活で様子を観察しましょう。「気になるあの子」の姿から価値づけて全体に共有し，その子も変わろうとしているということを伝えます。
❷だれもが心のコップが下向きになることがあります。心のコップの話に戻れるように教室に「○組・心のコップ」を置いておくと良いでしょう。

（小﨑　良行）

第1節　「学級開き」で思いを伝えるお話

チクリは正義

>>> 1年の始めにいじめを許さないクラスをつくるための語り

ねらい　チクリは仲間のための、勇気ある正義の行動であることを伝え、生徒の認識を変えることで、みんなでいじめを許さない心構えをつくります。

（黒板にチクリは（　　）と書きながら）
　みなさん、「チクリ」という言葉にどんなイメージをもっていますか？「チクリは（　　）」にはどんな言葉が入るでしょうか？　何が入ってもいいですね。隣の人とおしゃべりしてみましょうか。

　そうですね。マイナスなイメージの方が多かったですね。でもAさんとBさんのペアの意見をみんなに聞いてほしいな。聞かせてくれますか？
　「チクリはすべて悪いことではなくて、その人に成長してほしいと思っている気持ちの表れです」
　素晴らしい視点ですね。2人に向かって、大きな拍手をお願いします。このようにチクリをした人の思いを考えると、大切な仲間だからこそ、成長してほしいというプラスの思いも見えてきますね。

　先生はこの（　　）にこんな言葉を入れました。
（黒板に「正義」と書きながら）「チクリは正義」

- 何が入っても間違いでないことを伝える
- ▶おしゃべりという言葉でリラックスして対話する
- 対話をよく聞いて、チクリがマイナスなことではないと考えている生徒を見つける
- ▶多くの生徒が自分と違った視点にハッとする
- 拍手をすることで、この後の話を聞く姿勢をつくる

<u>チクリは「クラスの仲間を守る一番勇気ある行動」です。</u>
　例えばいじめです。いじめがなくならないのは，周りの人が「チクったら自分がいじめられる」と見て見ぬふりをして「傍観者」となるからです。

　先生はいじめを絶対に許しません。<u>自分がいじめられるかもしれない状況で，勇気を振り絞って先生に相談してくれた生徒も，いじめられている生徒も先生たちは必ず守ります。</u>だからいじめを見て見ぬふりをしないでください。「チクリは正義」です。
　みんなで一緒にいじめを許さないクラスをつくりましょう。「チクリは？」「正義」そうですね。

　最後に伝えたいことがあります。<u>いじめをしてしまった生徒も大切な生徒です。いじめをして周りの信頼を失うような人生を歩んでほしくありません。だから間違いは必ず正します。</u>だれかを傷つけてしまっても，心のコップを上向きにして，自らの行動を振り返り，正してほしいと思います。

・「チクリは正義」の意味を考えさせてみても良い
▶自分と違った答えに，驚きながらも話を前のめりに聞いている
・生徒の背中を押すように，不安な生徒を安心させるように力強く語る
▶不安を抱えた生徒も教師の本気に心が揺れ始める
・いじめは許さない。しかし，加害者も含めて全員が大切な生徒だと伝えて，安心させたい

POINT

❶いじめに関する話は学級開きのときに，必ずしておきたい項目です。教師が始めに毅然としていじめを許さない態度を示しましょう。

❷必要以上に不安を与える必要はありません。いじめの加害者も大切な生徒であるからこそ，その間違いを正していくことを伝え，素直に反省することの価値を繰り返し伝えていきます。

（小﨑　良行）

第1節 「学級開き」で思いを伝えるお話

挨拶は信頼の証

>>> 挨拶の大切さを今までとは違う視点から感じさせるための語り

挨拶の大切さを何度も考えている中学生。会釈という挨拶の文化が日本伝統の信頼の証であることを知り、挨拶の大切さをさらに実感できるようにします。

　（Aさんの近くに近づいて微笑みながら）今朝，Aさんの挨拶がとても気持ちよかったのです。先生はとても嬉しくなりました。Aさんの挨拶は一味違います。それはなぜだかわかりますか？
　実は先生の近くに来て一礼しておはようございますと言ってくれたのです。この頭を下げて挨拶することを「会釈」と言います。日本の伝統の文化です。ではなぜ日本人が頭を下げるのでしょうか？

　実はこの会釈というのは「信頼の証」なのです。私たちにとって一番大切な部分である頭を相手に差し出すのです。その昔，刀を持っていた時代は相手が刀を持っていたら、首を切り落とされてしまいますよね。だからこそ，<u>挨拶のときに頭を下げて会釈をすることは「あなたが攻撃してこないと信頼していますよ」という「信頼の証」</u>なのです。
　欧米の人も違った形で信頼を表します。彼らは頭を下げません。代わりに何をするかわかりますか？

- 消極的で，責任感のある生徒の行いを価値づける
  ▶ はにかみながらも喜ぶAさん，数名の拍手が全体に広がる
- 全体に微笑みかけることで，行動の価値を広げる
- 今までとは違った視点・切り口で挨拶の価値を語る
  ▶ 新しい視点に驚きや納得感が生まれ，教師の語りにより耳を傾ける

そうです。彼らの挨拶は，「握手」や「手を振る」「ハイタッチ」とともに交わされるのです。

（手を振ったり，ハイタッチをしたりしながら）これは手のひらを見せて武器を持っていませんよ，あなたを攻撃するつもりはありませんよというサインなのです。これも「信頼の証」です。

では，クラスの仲間と信頼を紡ぎます。3分間で「信頼」の気持ちを表した挨拶をみんなでやってみましょう。「会釈は信頼の証」「ハイタッチや握手も信頼の証」です。いってらっしゃい！

（クラスに笑顔があふれる中で語りかける）

「これからあなたを信頼しますよ」「あなたは仲間ですよ」「仲間に攻撃はしませんよ」

そんなメッセージが伝わってきます。これからも会釈をして「信頼の証」の挨拶をしましょう。

みなさんの挨拶で，○○中学校に「信頼の輪」が広がることを期待しています。この後の休み時間が楽しみですね。

参考：海外に伝えたい日本人の武士道（名古屋刀剣ワールド）
http://www.meihaku.jp/bushido/manner-bushido/

- 教師が明るくモデルを示すことでハイタッチをしやすい空気をつくる
▶ 近くの人とハイタッチをしてみる生徒もいる
- 教師も生徒の中に入って，会釈や握手をする。思い切り喜ぶことを繰り返す
▶ こんにちは，元気？　たくさんの会話と笑顔が教室にあふれる
- 1人になる生徒を周りとつなぐ意識をもって全体を見る

POINT

❶ 中学生は何度も挨拶の大切さを学んでいます。でも挨拶ができない生徒もいます。歴史的な視点を与え，挨拶に誇りをもてるようにします。

❷「大きな声で笑顔で」挨拶することが苦手な生徒もいます。でも挨拶をしたくないのではありません。だからこそ「会釈」という丁寧さに視点を変えることで挨拶に前向きな気持ちを育みます。

（小﨑　良行）

「友達の良さ・大切さ」を伝えるお話

　友達の良さを認め合うクラス，友達を大切にし合うクラス。どうやったらそのようなクラスを生徒とつくることができるでしょうか？

　その出発点は教師が生徒の良さや大切さを伝えることです。菊池先生は「空気の発信源は教師である」とよく語っておられます。教師が生徒一人ひとりの良さや大切さを笑顔で発信し続けることで，クラスにあたたかい空気感が生まれます。そして，このような教師の姿に感化され，生徒同士が認め合えるようになるのです。

　安心感のあるクラスには「自分らしさ」が出てきます。そのような「自分らしさ」や「ちがい」があるからこそ教室には様々な成長のドラマが生まれます。教室で「自分らしさ」を発揮する個を価値づけ，個と全体をつなげることで友達の良さ・大切さを実感するようになるでしょう。

この節のポイント
①教師が生徒一人ひとりの良さや大切さを笑顔で発信し続ける
②「自分らしさ」や「ちがい」を価値づけ，個と全体をつなぐ

教師が生徒一人ひとりの良さや大切さを笑顔で発信し続ける

「美点凝視」。生徒と関わる上で教師が大切にしたい姿勢です。もし会社の上司が毎日怒鳴り散らす職場だったらどうでしょうか？ 職場の空気感は殺伐としたものになりそんな職場に信頼感のあるチームはできないでしょう。

クラスも同じです。教師が毎日ほめちぎるくらいの気持ちで生徒の良さや大切さを発信し続けるからこそ，クラスの空気感があたたかいものになっていきます。教師がそんな姿を見せ続けるからこそ，生徒同士も認め合えるようになっていくのです。

あたたかい空気感の発信源は教師であることを自覚して，「10割ほめる」の心で毎日生徒をほめましょう。必ずクラスの空気感が変わっていきます。こうやってクラスに互いに認め合う空気感ができると，今回の節の語りは大きな効果を発揮し，よりあたたかい空気感が生まれるでしょう。

「自分らしさ」や「ちがい」を価値づけ，個と全体をつなぐ

クラスに安心感ができると，生徒は徐々に「自分らしさ」を発揮していきます。そのような「自分らしさ」や「ちがい」こそが友達の良さです。日々の生活や授業の中での「自分らしさ」や「ちがい」を価値づけることが大切です。多感な時期の中学生ですから，はじめは自分を出すことをためらうでしょう。しかし，クラスの安全性が高まる中だと，必ず自分を出せる日がやってきます。その日までずっと認め，励まし続けるのが教師の役目です。

こうやって「自分らしさ」を発揮できるクラスの雰囲気になっていくと，生徒同士の関係性がさらに良くなります。そうなると，行事や部活などを通して友情によって喜びが何倍にもなり，さらに学校生活が楽しくなっていきます。できるようになった個とそれを受け入れている全体をつなぐことで「自分らしさ」を一層発揮できる空気感がつくられていくでしょう。

第2節 「友達の良さ・大切さ」を伝えるお話

最高のプレゼント

>>> 自分も友達も大切な存在であることを伝えるための語り

ねらい 新学年になったときに、自分や友達の名前について考える時間を設けることで、自分も友達も大切な存在であることを実感できるようにします。

　新学年になって1か月経ちました。クラスには慣れましたか？　仲良くなってきたみなさんにもっと仲良くなってほしいので、今から名前の話をします。

　今日みなさんは、自分の名前を親や先生、友達、先輩、後輩から何回呼ばれましたか？　5回？　10回？　（前列の生徒のそばへ行く）

　10回だとして、それが1週間だと約70回、1か月だと約300回、1年だと……？　一生だと……？

　（前列の生徒に驚いた表情をし、前に戻る）

　一生のうちで一番耳にするのが名前です。だからみなさんのご家族はみなさんの名前に「こんな人になってほしい」と思いや願いをこめて、一生懸命考えられています（赤ちゃんの写真を提示）。

　<u>つまり、名前とは、生まれたときに貰う最高のプレゼントで、一人ひとりがかけがえのない大切な存在である証なのです。</u>

▶ 大半の生徒がリラックスした様子で聞く

▶ 今日を振り返り、心の中で回数を数える

▶ 教師の驚いた表情を見て、目が合った生徒が笑顔になる

・一息おいて、全体に目線を配りながら

・「名前は最高のプレゼント」と黒板に書く

周りにいる友達にも，そのご家族が一生懸命考えた名前があります。自分が大切な存在であるように友達も大切な存在なのです。
（気になる生徒Aさんのそばへ移動しながら）
　せっかく同じクラスになった〇〇名です。自分のことを大切にし，それと同じくらい友達のことも大切にしたいですね。「Aさんの名前って素敵だね」のようにペアの友達に言ってみましょう。
（生徒の対話を見守りながら，前へ戻る）

　みなさん素敵な表情になってきましたね。実はWBCで優勝したときのコーチは，「ダルビッシュおはよう」と必ず名前をつけて選手と話すそうです。
　実力が物を言うプロの世界でも，名前を呼んで相手を大切にしているんですよね。名前を呼ぶと相手から大切にされている感じがしませんか？　相手との距離が近くなっていきませんか？
　名前を呼ぶことで，友達の輪がさらに広がったり，仲が深まったりすることにつながります。ぜひやってみてください。みなさんの友達を大切にする姿を楽しみにしています。

・力強く言い切る
▶ うなずきながら話を聞く生徒が増える

・Aさんと目を合わせて微笑みながら
▶ 笑顔でペアの友達に話しかける

▶ 語り始めよりもあたたかい空気感になっている

・WBCの写真を見せても良い

▶ 話を聞いて前向きな姿勢がクラス全体に広がる

POINT
❶ 家庭が複雑な生徒がいる場合は使う言葉を十分に配慮します。一人ひとりが大切な存在であることが伝わるようにします。
❷ 友達の良さ・大切さを伝えるだけでなく，最後は実生活につながるように話をします。

（中野　衣織）

第2節　「友達の良さ・大切さ」を伝えるお話

ちがいを楽しむ

>>> 友達がいるから授業が楽しくなることを実感させるための語り

授業中，間違いを恐れ，なかなか自分の意見を言えない生徒がいるかもしれません。そこで，一人ひとりが意見を出して多様な考えに触れることで，友達と学ぶ良さを実感できるようにします。

　この写真を見てください。

　（少し間を空けて）そう，桜の写真です。「きれいだな」「ピンク色」など，写真を見てわかったこと，思ったことを隣の友達と伝え合います。笑顔で「どう思った？」と言って始めましょう。
　〜隣の友達と交流する〜
　では，〇〇さんの列の人たち，立ちましょう。
　（列指名をする）
　「春らしい」「お花見をしたくなる」
　それぞれ，みんな違う意見を出しましたね。
　「ちがい」があることで，どんな良さがあるのでしょうか。近くの友達と話し合い，思いついた人から黒板に書きにきましょう。
　〜交流し，板書する生徒たち〜
　「色々な考えに触れられる」「新たな視点がもてる」「その人らしさが出る」
　みなさんの書いた言葉一つひとつが，先生の心に

・生徒の机の間を通りながら，桜の写真を提示する

・明るくテンポ良く
▶笑顔で対話し合い，あたたかい空気感になる

・黒板に書かれた内容について，「いいね！」とつぶやいて価値づける
▶「たしかに！」と言って共感し，進んで発言しやすい空気に変わる

響きました。

　この絵を見てください。とても素敵な絵ですよね。この絵を描いたのは，画家の石村嘉成さんです。石村さんは，幼い頃に自閉症と診断され，周りと違うことに対する悩みをもっていたそうです。しかし，<u>絵を描くことは「自分らしさの発揮」だと気づき，「ちがい」を良さとして捉えて画家の道へ進みました。自分らしさを大いに発揮することで，こんなにも素晴らしい作品が生み出されたのです。</u>

　<u>このクラスは，○○人の「自分らしさ」の結晶です。それぞれが「自分らしさ」を発揮することで，多様な違いを楽しむことができます。これが，「友達と学ぶ良さ」です。</u>

　（「ちがうから楽しい」と板書する）

　先ほどの桜の写真を見て感じたことの交流では，たくさんの「ちがい」が生まれました。「ちがい」を否定せず受け止め合う姿。「ちがい」を楽しむ姿。本当に素敵でした。みなさんだったら，「友達と学ぶ良さ」があふれる教室をつくれますよ！

・石村嘉成さんの絵を提示する
▶ 歓声を上げ，ほとんどの生徒が前のめりになって絵を見る

・「あなたの自分らしさを大切にしているよ」という思いをこめて，生徒の目を見る
▶ 周囲の友達を見渡し，「友達と学ぼう」という前向きな空気感に変わる

POINT

❶ 正解を重視すると，生徒も安心して意見を出すことができません。「ちがうからこそ楽しい」という教師のマインドは，生徒に安心感を生み出します。

❷ 導入で生徒に提示する写真は，実態や時期などに合わせて変えてください。写真を提示することで，ハードルが低い状態で考えを伝えることができます。

（楠元　喜子）

第2節 「友達の良さ・大切さ」を伝えるお話

大切な小指

>>> 一人ひとりの良さに目を向ける大切さを伝えるための語り

ねらい 目立つ子の活躍ばかりに注目が集まっているときに,怪我した小指の話を通して,一人ひとりが欠かすことのできない大切な存在であることに気づかせます。

　体育大会まであと少しとなりましたね。団長を中心に練習をよくがんばっているなあと思います。

　そんなみなさんに,今日は「指」の話をします。みなさんに質問です。(手のひらをみんなに見せながら) 1番大切な指はどれだと思いますか？

　(列指名して,理由とともに尋ねる)

　私もみなさんと同じです。物を掴んだり押したりするときに使う親指や人差し指だと思っていました。だから,私は以前小指を怪我したんですが,他の指ではなくて小指で良かったと思っていました。

　しかし,いざ小指が使えないとなると,困ることがあったんです。何だと思いますか？

　実は……小指が使えないと物を持つときにぐらぐらし,安定しませんでした。小指が使えないと他の指も思うように力が入りません。みなさんも何か掴

- がんばりをねぎらうように笑顔で
▶ 充実した練習に満足している表情をしている
▶ 「親指」など反応したり,友達の考えにうなずいたりする
- どの考えにもあたたかい相づちをする
- 表情を曇らせて
▶ 思い思いの考えをつぶやく
- もったいぶって

んでぐっと力を入れてみてください。どうですか？
　（生徒のそばに行き，感想を聞く）（前に戻る）
　私はその怪我をして，親指や人差し指と同じように小指も大切なんだ，どの指にも役割があり，欠かせない指なんだ，と気づくことができました。

　このクラスも同じだと思います。クラスをまとめる人，自分の考えをきちんと伝える人はもちろん必要です。運動神経がいい人や物づくりが得意な人がいたら，体育大会で大活躍ですよね。
　しかし，人前に出なくても，話をしっかりと聞いている人やすべきことをきちんとする人，練習で疲れているときでも笑顔で明るく接する人がいることで，安心して過ごすことができますね。
　<u>一つでも欠けると力が出ないように，一人ひとりがクラスには欠かすことができない存在なのです。色々な人がいるからクラスって楽しいですよね。友達の良さに目を向けることで，さらにクラスの結束が強まり，３年〇組らしい体育大会になると信じていますよ。指のように一人ひとりが良さを発揮して優勝を掴み取りましょう。</u>

▶ 力の入り具合の違いに驚く生徒
▶ 納得感をもって聞く生徒が増える

・だれのことか想像できるように，一人ひとりをイメージしながら具体的に語りかける
▶ 自分のことかも，と思いながら，真剣に話を聞く
・とびきりの笑顔で
▶ 語り始めよりさらに意欲的になってがんばろうという気持ちが見られる

第２節 「友達の良さ・大切さ」を伝えるお話

POINT
❶クラスの実態に合わせて，取り上げる生徒を変えます。一人も見捨てないという覚悟が生徒に伝わるように，あまり人前に出ない生徒も取り上げます。

（中野　衣織）

第2節

「友達の良さ・大切さ」を伝えるお話

友達によって喜びは大きくなる

>>> 友達がいることの素晴らしさを実感できるようにするための語り

ねらい

友達によって喜びが大きくなることを実感できるようにすることで，友情を深め合いながら，楽しい学校生活を送っていこうという思いがもてるようにします。

　素敵な写真を持ってきました。見ますか？
　（休み時間に笑顔で談笑しているAさんとBさんの写真や，数学の時間に問題を解き合ってハイタッチを交わすCさんとDさんの写真を見せる）

　Aさん，聞いていいですか？　Bさんと笑顔で会話しているとき，何を感じていたんですか？
　「やっぱりBさんとの話は楽しいなと感じていました」
　Cさん，問題を解き合ってDさんとハイタッチをしている写真を見て，改めて思うことはありますか？
　「いい関係性ができているなと思います。2人でやったから，より達成感がありました」
　そうですよね。4人とも本当に素敵な表情，素敵な距離感ですよね。先生は，このAさん，Bさん，Cさん，Dさんの姿を見て，改めて「友達によって喜びは大きくなる」ということを実感しました。き

▶「見たい！」という声があがり，ほとんどの生徒が前のめりになる

・間をつくりながら語る

▶全員が話し手の方を見て，静かに聴く空気感がつくられる

・感情をこめて
・「友達によって喜びは大きくなる」を強調しながら

▶柔らかい空気感に変わり始める

っとAさんとBさんは，この小さな関わりを大切にして2人で喜びを大きくしているのだと思います。CさんとDさんも同じですね。ハイタッチを交わすという小さな関わりを通して，喜びが何倍にも大きくなっているのでしょう。

（「竹馬の友」と板書する）
この言葉を知っていますか？
隣の人に「知ってるよね？」どうぞ。

幼い頃からの親しい友達という意味です。日が暮れるまで一緒に遊んだ友達のことを「竹馬の友」といいます。AさんとBさん，CさんとDさんのように，何気ない小さな関わりを大切にしていくことで生涯を貫く「竹馬の友」になることができるのかもしれませんね。

何十年か先を想像してみましょうか。
（同窓会の写真を見せる）これは，同窓会の写真です。友達との小さな関わりを大切にして，喜びを何倍にも大きくしながら過ごすことで，いくつになってもこうして集まることのできるような良い関係性を築くことができるといいですね。

▶ AさんとBさん，CさんとDさんが微笑み合い，周りも笑顔になる
▶ チョークの音だけが響き，静かな空気感に変わっていく
・Aさん，Bさん，Cさん，Dさんと目を合わせながら
▶ 全員が真剣に聞いている
・穏やかな表情で
・両手で写真を持つ
▶ ほとんどの生徒が穏やかな表情になり柔らかい空気感に変わる

POINT

❶ 未来の姿を想像する時間をとることで，小さな関わりを大切にしながら良い関係性を築いていきたいという前向きな感情が生まれるようにします。

❷ 友達によって喜びが大きくなっている写真を見せながら語ることで，プラスの行動をしている生徒を価値づけ，生徒全員とその価値を共有することができるようにします。

（前田　凜太郎）

「クラスのまとまりをつくりたいとき」のお話

　「２：６：２」の割合。これは，菊池先生がイメージする学級内の人数構成比です。最初の「２」がリーダー的な生徒，次の「６」が普通の生徒，最後の「２」が気になる生徒というカテゴリーです。

　学級経営がうまくいかない教師は，後ろの「２」の生徒たちに引きずられて，真ん中の「６」の生徒の良さをみることができていません。生徒のマイナスばかりに目がいき注意が増えます。がんばりに気づいてもらえず，かまってもらえないと感じた「６」の生徒は，教師の目を引くためにマイナスな行動をとるようになり，気になる生徒のカテゴリーに近づいていきます。特に，教師と関係性が薄い時期にはそのような現象が起きやすく，無理に戻そうとすると反発されかねません。そこで，生徒のマイナス面を捉える短所接近法ではなく，プラス面を価値づける長所接近法で関わることが大切です。教師が積極的な生徒だけではなく，消極的な生徒の良さも大きく取り上げ，価値づけてほめ，学級全体に伝えて，望ましい行為や価値を広げていくことで，クラスがまとまっていきます。そして，最終的には，一人ひとりが適材適所で活躍していくのです。

この節のポイント
①個をほめ，全体に響くような価値づけをする
②成長を可視化し共有する

個をほめ，全体に響くような価値づけをする

　進んで何かをする，真っ先に手を挙げるなどの望ましい現象だけを捉えて，積極的な生徒の良さばかり価値づけしていませんか？　責任感のある消極的な生徒にも目を向け，美点凝視で，良いところを価値づけてほめることで，学級全体に前向きな空気が生まれてきます。

　また，個別にほめることは大事ですが，個別にほめるだけではその効果は小さいです。個の良さを価値づけ，生徒たちに響くように，そして全体へとつないでほめることで，効果が大きくなります。生徒一人ひとりの良さを教師がクラス全体へとつないでほめることで，クラスがまとまり，生徒はともに成長していきます。クラスがまとまっていく中で，気になる生徒もいい意味で成長への空気感に巻き込まれていきます。気になる子の成長を価値づけるとともに，その成長を引き出した周りの生徒も価値づけることで，個と集団がつながり，さらにまとまったクラスへとなることでしょう。

成長を可視化し共有する

　集団を意識するためのキーワードは「成長」と菊池先生は言われます。
　「成長」とはもちろん，一人ひとりの目標でもあり，学級の目標でもあります。「個人の成長→クラスの成長，クラスのまとまり」につながります。そのために，「価値語モデル」や「成長年表」などをつくって，個人や学級全体の成長を具体的に可視化します。日付や活動内容を書き，価値語を加えた短冊を教室後方に貼り出していきます。活動を終えるごとに写真を付け加えてもいいでしょう。成長を可視化し，「過去はこんなことをしてきたんだな」「自分たちはこんなにも成長したんだね」「これから空白の部分も，埋まっていくんだな，楽しみだね」と成長の事実を共有することで今後の成長への期待につながっていきます。「ほめて，認めて，励ます」言葉が生徒たちの成長を促すのです。

第3節　「クラスのまとまりをつくりたいとき」のお話

勝ちよりも価値あるもの

>>> 1人の本気の姿からクラスみんなをつなげていくための語り

ねらい　一人ひとりが一生懸命にやることや仲間の大切さに生徒の言葉で気づかせることを通して，体育大会で勝つことが最上位の目的ではなく，それまでの過程が大切であることを考えさせます。

　今日のリレーの練習では，4位という結果でした。負けて悔しかったですよね。でも私は，とても感動しました。なぜだと思いますか。
　（列指名をして気づきを発表させる）
　そうです。アンカーのAさんが，最後に1人になっていたけれども一生懸命に全力で走り切った姿に感動しました。とてもかっこよかったですよね。
　（黒板に「〇〇の姿はかっこいい」と書く）
　〇〇には，何という言葉が入ると思いますか？
　（「一生懸命」や「全力」，「本気」など出てきた言葉を価値づけし，黒板に「本気」と板書する）
　1位という結果ではなく，一生懸命で本気の姿がまわりの人に感動を与えるのですね。
　本気という言葉を使った戦国武将の武田信玄さんの名言をルーツとしたと思われる，ある言葉があります。
　一生懸命だと知恵が出る。中途半端だと愚痴が出る。いい加減だと言い訳ばかり。本気ですると大抵

▶ 1位でないことを悔しがり暗い雰囲気

▶ 結果ではなく，過程の価値に気づき始める

・笑顔で同意を求める表情で

・どの意見も肯定的に受け止め価値づける

▶ 結果から過程に目を向けるようになり，雰囲気が変わっていく

・力強く，ゆっくりとしみこませるよ

のことはできる。本気でするから何でも面白い。本気でしているからだれかが助けてくれる。

(「本気＝面白い」「本気＝助けてくれる」と黒板に書く)

では，Aさんは何で最後まで一生懸命，本気で走ることができたのでしょうか？　隣の人とAさんの気持ちを考えてみましょう。

(Aさんに近づきながら，数人に聞いていく)

「リレーに勝ちたかったから」「みんなが応援していたから」なるほど，気づいたBさんやCさんも素敵ですね。じゃあ，みんなから本気の姿がかっこいいと言われているAさんに聞いてみましょう。

「みんなが応援してくれたから，最後まで一生懸命走ることができた」

なるほど，みんなの応援が本気の姿を引き出したんですよね。みんなの応援ってすごいですよね。

Aさんは，仲間の存在があったからがんばれたと言っていますね。「本気の姿×仲間の存在＝めちゃめちゃかっこいい」これは「勝ちよりも価値あるもの」ではないでしょうか。

- うに語る

- みんなをつなげる意識で，Aさんのことを考えて発言したBさんやCさんをほめる
- 仲間の存在が大きいことを価値づけする
- ▶本気と仲間の価値に気づき前向きな空気になる

- 後日，価値語モデルを掲示し，価値の共有を図る

POINT
❶勝負で負けている場面でも一生懸命に取り組む生徒を価値づけることで，「一生懸命＝かっこいい」の価値観を共感します。
❷生徒の言葉から「仲間の存在が力になること」を出すことでクラスの団結力を高めます。

(荒木　鉄成)

第3節 「クラスのまとまりをつくりたいとき」のお話

信じる＝生きるみなもと

>>> 仲間のがんばりに目を向けさせ，一体感を高めるための語り

行事で練習がうまくいかないときがあります。この「マイナスの状態」があったときこそ，「プラスの状態」に転換できるときです。一体感を高める絶好のチャンスにしていきます。

　合唱リーダーは昨日の練習の振り返りをお願いします。「昨日は，〇〇パートの声がでていませんでした。ふざけている人もいました」
　リーダーありがとう。話を聞いてどう思いましたか。パートごとに話をしましょう。
　（パートごとに話し合ったことを発表させる）
　〇〇パートは，リーダーの近くに進んで集まっていていいですね。顔が上がっていますね。
　では，話したことをみんなに教えてください。
　ありがとう。みんなの本気の姿に感動です。私が中学生のときの先生はこう言われていました。
　「歌は人を幸せにします」
　「音楽は人と人をつなぎ，お互いを幸せにします」
　<u>つながるということは幸せになるということです。つながるためには，相手を信じることが大切です。</u>

　（黒板に「つながる＝幸せ＝信じる」と書く）
　今，信じるという言葉を書きましたが，合唱曲と

▶まずいという雰囲気，暗い表情
・真剣な表情で聞く
・活発に話すパートに近づき話し合いの姿を価値づける
▶多くの生徒が顔を上げ真剣に聞いている
▶何を話すのか，教師に注目する
・黒板に板書するか電子黒板に映し，心をこめてゆっくりと語る
・黒板の信じるという言葉を丸で囲みながら話をする

して使われる谷川俊太郎さんが作詞した曲に『信じる』という曲があります。その歌詞にこうあります。
　「信じることに理由はいらない」
　「信じることは生きるみなもと」
（「＝生きるみなもと」を黒板につけたす）
　この曲の中にある「信じる」ということは，「生きるみなもと」に向かっていくことなんですよね。だから，合唱で歌を大事にし，つながっていって，みんなが楽しく幸せになっていく。これっていうのは，信じ合っていることであり，一人ひとりの生きるみなもとになるのでしょうね。合唱って，こういう素晴らしい取り組みですよね。
　合唱リーダーの反省を活かして，今日から，さらに，どのパートでも一生懸命にやることでしょう。先生は信じています。自分のパートのみんながつながり，がんばっていくと思う人は大きくうなずくでしょう。今日，がんばりますよね？

　先生は，今とても幸せです。なぜだかわかりますよね。そうです。みんなが仲間を信じあっている姿を見たからです。みんなの成長を信じています。

・黒板に板書するか電子黒板に映す
▶やる気の表情に変わってくる生徒が出てくる

・板書と生徒を交互に見ながら，ゆっくり丁寧に語る
▶教室の空気感が上がってくる

・生徒同士がつながることを信じる
・ゆっくり聞き取りやすい声で

▶ほとんどの生徒が大きくうなずき，表情もいい
▶前向きな空気感になる

POINT

❶反省をピンチではなく，チャンスの場面として捉え，生徒の意識を高めクラスのまとまりをつくり，前向きな気持ちにします。
❷うまくできない子を責めたてるのではなく，「がんばろう」という周りを育てることで全体を巻きこんでいきます。

（荒木　鉄成）

第3節 「クラスのまとまりをつくりたいとき」のお話

愛の反対は〇〇〇

>>> 仲間に関心をよせる大切さを伝えるための語り

ねらい　学級内で友人間トラブルが起こったとき，相手に関心をもつことで良好な関係を築くことができるという思いをもたせます。

　今から友達について考えます。さて，友達とのトラブルって色々あると思いますが，どんなことがありますか？　隣の人と話しましょう。
　（無視，陰口，悪口，SNSなど色々出させる）
　そうですね。これらのトラブルが起こる理由は色々あると思います。では，何が一番足りないから起こるのでしょう？　近くの人と相談しましょう。
　（列指名を行う）
　そうですね。相手のことを考えていないことや勘違いなど，理由は様々ありますよね。
　次に，この写真を見てください。この人はだれだかわかりますか。この人は，マザー・テレサさんです。テレサさんは，「愛の反対は憎しみではなく，〇〇〇です」と言われました。
　（黒板に，「愛の反対は〇〇〇」と書く）
　〇〇〇には，何という言葉が入るでしょうか。
　（列指名を行う）

▶怪訝そうな表情をうかべ，空気感が下がる
・相づちをしながらどんどん出させる
▶話し合いが最初より活発になる
・うなずきながら，どの意見も肯定的に捉える
・マザー・テレサさんの写真を出す
▶黒板を見つめながら真剣に考えている
▶嫌い，大嫌い，無関心などを出す

実は，（○○○の中に，「無関心」と板書する）です。さて，ここでいう愛とは，友達に対してどうすることなのでしょう？（列指名を行う）

いいですね。友達に関心を向けることや，良さを見つけること，可能性を信じることなど，どれも愛がありますね。

このような言葉もあります。

（黒板に「相手の○○に，○○をもつ」と書く）

○○には同じ漢字が入ります。何が入ると思いますか？（○○の中に，「関心」と板書する）

<u>関心をもつということは，自分中心から相手軸に立って，相手中心になるということです。つまり，相手を大事にするということです。相手の気持ちや感情や考えや意見や主張などに寄り添おうとすることです。理解しようとすることです。そうすれば，その相手と良い関係を築けます。</u>

みんなが，関心をもって先生の話を聞いてくれて感心しました（笑）<u>あなたたちなら，一人ひとりの良さを関心をもって見つけ合い，お互いの可能性を信じることもできるはずです。愛のあふれる教室にしましょう。期待していますよ。</u>

- 板書の愛の文字を丸で囲む
  ▶ 自然に近くの友達と話し合う
- 教師がうなずきながら肯定的に意見を取り上げることで，安心感のある空気になる
  ▶ クラスの半数くらいが関心と気づく
- クラスを見渡しながら，ゆっくり，丁寧に語る
  ▶ ほとんどの生徒の表情が明るくなり，空気感が上がる

POINT
1. どのような言葉が入るのかを考えたり，言葉を黒板に板書したりすることで視覚的に捉えることができるようにします。
2. 生徒の考えを教師が肯定的に取り上げ大切にすることで，自分，相手，クラスを大切にする感覚をもてるようにします。

（荒木　鉄成）

第3節 「クラスのまとまりをつくりたいとき」のお話

受験は団体戦

>>> 仲間と一緒に目標に向かって進んでいかせるための語り

ねらい
受験に向けて，クラスのことより自分のことを最優先しそうになるときに，仲間の良さを実感し，それを力に変えていけるようにします。

（「受験は〇〇戦」と板書する）
〇〇には，どんな言葉が入ると思いますか？
（列指名をして，聞いていく）
なるほど，「個人戦」ですね。孤独に負けない力強さが必要ということですね。「持久戦」ですね。今から長い期間準備をするということですね。確かに。
実は，この丸の中には，「団体」という言葉が入ります。
（〇〇の中に「団体」と板書する）
なぜ，「受験は団体戦」なのでしょう。隣の人と相談しましょう。
（列指名をして聞いていく）
なるほど，仲間と一緒に喜びを分かち合いたいからですね。素敵ですね。拍手！
みなさんが毎日1ページしている自学ノートを今日のAさんは，3ページしていました。内容も充実させています。

・黒板中央に大きく書く
▶受験という言葉を聞いて空気感が下がる

・「個人戦」「持久戦」「団体戦」など出た意見を価値づけることで，安心して発表できるようにする

▶一緒にがんばることや一緒に喜ぶことに気づく

・手本となるノートのコピーや写真を準備する

Aさんのがんばりを見てあなたはどう思いましたか（真面目にコツコツがんばるBさんに近づく）。
　「自分も，もっとがんばりたい」とBさんは言いましたね。先生は，がんばっているAさんの存在を知り，それを自分のこれからのエネルギーに変えるBさんの受け止め力がとても素敵だと思います。
　『ONE PIECE』の主人公のルフィは言いました。
　「おれは助けてもらわねェと生きていけねェ自信がある!!!」（単行本10巻より）
　めっちゃ強いルフィも仲間の力を借りて生きているのですよ。しかも自信ありげにですよ（笑）
　がんばる人の存在を感じることで，一緒にがんばることができるのです。あなたのがんばりは，実は仲間を助けているのです。受験は，みなさんにとっては，未知のもので，不安や孤独を感じることもあるかもしれません。でも，このクラスの仲間とだったら，戦えますよね。
　さあ，3年〇組の団体戦が始まりますね。みんなでがんばっていこう。そして，最後の一人の受験が終わるまで一緒にがんばろう！　隣の人と，「団体戦，あなたなら大丈夫よ」と言い合いましょう。

▶ 多くの生徒が内容に感心している
・Bさんのように学級で目立たないが，真面目にコツコツがんばる生徒を価値づける
・ルフィのように元気良く
▶ 空気感が上がる
・クラス全体を見渡しながら力強く伝える
▶ 「団体戦，大丈夫よ」という言葉でみんなが安心した空気になる

第3節 「クラスのまとまりをつくりたいとき」のお話

POINT
❶ クラスの実態に応じて紹介する内容を変えます（自学ノート，ワークシートの感想，単元テストの結果など）。
❷ 仲間と喜びを分かち合うことができることが，個人の力を高めることにつながり，集団で進んでいく原動力になるようにします。

（荒木　鉄成）

「公」と「私」を学ぶお話

　みなさんの学校の生徒は「公」での立ち振る舞いを意識して行動していますか？　中学生や大人でも「公」と「私」を使い分けることは容易ではありません。

　「公」と「私」を定義づけると，「『公』とは，みんなのプラスになるために，また自分自身の成長につながるなどの考え方をもって，『集団』を『個』と同じように大事にしている姿」「『私』とは，考え方や行動が自分中心に偏らず，調和がとれた健全な『個』である姿」と考えています。

　教師は1年間〜3年間，どういう「個」を育てたいか，どういった「集団」をつくっていきたいかを，朝の会，帰りの会，授業，行事などの活動を通して生徒に実感させていくことが大切です。

この節のポイント
① 「集団」と「個」について語り，公の場での振る舞いを実感させる
② 生徒の思いやりのある行動や自発的な行動を価値づけ，真の成長を促す

「集団」と「個」について語り，公の場での振る舞いを実感させる

　公の中で「私」をだしすぎると「我」になります。他者の言葉に謙虚に耳を傾けられない状況になり，成長のスピードが加速しにくい状態です。公の場で通用する人になるために健全な個を伸ばすことが大切です。そうすれば集団も伸びます。そこでは往還関係の考え方もできて，まとまって動き高め合う集団へと育てば，健全な個が育つとも考えることができます。

　教師は公の場での振る舞いを大まかな年間の見通しをもって指導し，成長を実感させます。年間の見通しは以下の通りになります。

1学期：「集団」よりも「個」を重視する。教師が「個」とつながる。
2学期：「個」よりも「集団」を重視する。「個」と「個」がつながる。
3学期：次のレベル（進級や上級学校へ進学）に進むため，「集団」と「個」を在り方・目的によってどっちを重視するか，時と場で流動的に変えるイメージにする。

生徒の思いやりのある行動や自発的な行動を価値づけ，真の成長を促す

　人間は期待された通りの成果を出す傾向（ピグマリオン効果）があります。それを教師が察知して，生徒一人ひとりに寄り添い，行動をほめて，認めながら，かけがえのない存在であることを伝え，真の成長を促していくことが大切です。

　大きな集団（学校や教室）で動くとき，言われて行動する生徒はたくさんいます。中には，相手を大事にできる思いやりのある生徒や自発的な考え方ができる生徒もいます。思いやりのある行動ができる生徒や思いやりがもてる生徒などを取り上げながら，気づかなかったこと，知らなかったこと，考えていなかったことを考えさせ，より高みを目指していきます。

　またみんなで学ぶということはお互いを思いやりながら，どの生徒も大切にするという思いが生まれるため，より真の成長につながっていきます。

第4節 「公」と「私」を学ぶお話

公の場で通用する人

>>> 公の場での振る舞いについて考えさせるための語り

ねらい　朝の会でマイナスな発言が見られるとき「私」と「公」についてやりとりをしながら，公の大切さについて考えさせます。

（担任しているクラスや気になるクラスで，マイナスの行動が見られる）

おはよう。「おはようございます」元気なリアクションをありがとう。みなさんちょっといいですか？

「私」（黒板に書く）がつく漢字の熟語はどんなのがあるかな？　隣の友達と出し合いましょう。

やめましょう。教えてくれますか？

「私立，私物，私欲，私語，私学」

次に，「公」（黒板に書く）がつく漢字の熟語はどんなのがあるかな？　隣の友達と出し合いましょう。

やめましょう。教えてくれますか？

「公立，公共，公園，公道」

「私」と「公」（黒板の字を指で指しながら）では何が違うのかな？　隣の友達に考えを伝えましょう。何人か発表をしてください。

「『私』とは『個人』。『公』とは『みんな』」

・マイナスな行動を感知して，プラスの声かけから入る
▶8割の生徒が注目
・机間指導して「いいね」などリアクションすることで意見を出しやすくする
・1回目より明るいトーンで
・教師が楽しそうに
▶さっきより意見が活発になる

発表をしてくれてありがとう。意見が堂々と言え、体と心を向けて聞くことができる素敵な教室ですね。そんなみんなに拍手をしましょう。

みなさんが生活している学校や教室は、「私」と「公」どっちかな？ 理由もセットで書きましょう。隣の友達と話し合い、思いついた人から黒板に書きましょう。

みなさんが教えてくれたようにたくさんの人が集まっているから学校・教室は「公」ですね。みんなが幸せに生活するために決まり（校則）、マナー、礼儀などがあります。学校はその民主的なルール、つまり「公」を教えてくれる場なのです。

「公の場」の振る舞いって何が大切なのかな？

「個」も大事。「集団」も大事。集団を個と同じように大事する振る舞いが「公」です。

みんなそれぞれ私の中には「我」があっても良いです。しかし学校や教室では「公」を優先していくことが大切なのです。「公」を優先しないで「我」をだしてしまうと調和が取れなくなります。その判断が的確にできる、それこそが「公の場で通用する人」なのです。「公の場で通用する人」になるために、学校・教室で力を合わせれば個も集団も成長できます。応援しています。

- 教室での価値ある行動を認める
  ▶ はにかみながら喜び、自然と体を向ける生徒が増える

- 生徒全員の目を見ながら、ゆっくり話す
  ▶ 真剣な顔で聞く

- 個も集団も大切な気持ちを伝えながら、力強く語る
  ▶ 教師の思いに応えようとうなずきながら聞く

- 真剣な生徒たちの聞く態度に1メッセージで応える

第4節 「公」と「私」を学ぶお話

POINT

❶ 「公」がしっかりしているからそれぞれの「私」がより活きてきます。一人ひとりの個性を大切にしながら集団を育てることが重要です。

（久山　耕平）

第4節 「公」と「私」を学ぶお話

束になって伸びる

>>> 公の場で通用する人を目指し，学年・学級集団を伸ばすための語り

校外学習の前に語ります。漢字の意味を通して，束になって伸びる大切さについて考えることができるようにします。

　ここに１本の割りばしがあるね。折れますか？
（複数の生徒から手が上がる）
　たくさんの人，手を上げてくれてありがとう。では○○さんどうぞ（簡単に折る）。

　次に（３本のテープで止めた割りばしをとりだし）これは折ることはできる？（苦戦しながら折る）
　実際に折ったりそれを見たりして，どんなことを感じましたか？　隣の友達と相談してみましょう。
　そうです。１本の割りばしは簡単に折れるけど，３本になると折れにくくなります。

　校外学習で考えてみましょう。
　校外学習で大切にしないといけないことは何ですか？　量にこだわって隣の友達と意見を出し合いましょう。
　（質より量と板書する）
　みんなも言ってくれていたけど，校外学習は集団

▶何が起きるのか，期待してワクワクしながら待っている

・リアクションを取りながら，生徒がつぶやく意見を共感的に受け止める

▶だんだんと意見を出し合う生徒が増える

▶高め合う空気感となり，競うように意見を出し合う

第4節 「公」と「私」を学ぶお話

として行動します。「時間」を意識して動かなくてはいけませんよね。「はやく」行動する必要がありますね。

「はやい」という漢字はどのように書きますか？そうですね。「早い」と「速い」がありますね。

「速い」は，（黒板に書きながら）この漢字の中には「束」という字が入っています。束という字は一つにまとまるという意味があり，集団をつくる上でとても大切です。そんな大切な集団の一人として，校外学習では「時間を守る」など責任ある行動をしていくこと，そして，クラスで束になって成長に向かって努力することが，あなたの成長につながっていきます。

<u>公では「速さ＝束」を意識することで自他ともに成長することができます。</u>

一人の力は微力でも，人数が集まり協力すれば大きな力になります。先生たちは，この校外学習で「束になって伸びる」ことを意識して成長できることを願っています。最後に笑顔で隣の友達に「がんばろうね」と言いましょう。素敵な空気感ですね。

▶ 多くの生徒がうなずきながら聞いている

・一画ずつ生徒の顔を見ながら，ゆっくりと書く

▶ 気づいた生徒から自然と声がもれてくる

・書いた字を指し示しながら意味がしみこむように語る

・声のトーンや表情を柔らかくして語る

▶ お互いの成長を願うあたたかい空気感になる

POINT
❶ どの生徒も公の場で通用する人になるために，集団生活における集団の在り方を考えさせることで個の成長を促します。
❷ 校外学習など，大きな行事の前に話すことで効果が高まります。事前学習などで話をしておき，集団で束になって取り組む雰囲気づくりをしていくことが大切です。

（久山　耕平）

「公」と「私」を学ぶお話

第4節

「行動」の4レベル

>>> クラス・学年のスタートに自発的な行動を促すための語り

学期はじめの学活や学年集会で、生徒たちの具体的な姿を取り上げてほめた後、自発的な行動レベルを伝え、何事も前向きに取り組もうとする気持ちをもたせます。

　みんなの素敵なところを見つけたので紹介します。集会での話の聞き方です。音を消して、顔を上げて話が聞けています。しかも、今のみんなは話し手を目で追えているじゃないですか。隣の友達に「さすがだね」とほめて拍手をしましょう。

　中学校の生活にはたくさんの「やること」が存在します。例えばどんな「やること」があると思いますか？　隣と話をしてみましょう。

　「あいさつをする」「係・当番をする」「配り物をする」少し考えてみても、1日の中でたくさんの「やること」つまり「行動する場面」がありますね。

　何か行動するときや、困ったことがあったとき、人間には3つの行動レベルがあると言われています。

　（教師がスライドに出して以下の内容を伝える）

①言われてもしない
②言われてする
③言われずにする

　あなたは、現在どのレベルだと思いますか？　成

・ゆっくりと全体を見渡し歩く
・明るい声で称賛をする
▶緊張感がほぐれて、笑顔になっていく

・発表している生徒に対して「相づち」や「うなずき」ながら、共感する

・意図的に、3つと伝える

長ノートに書いてみましょう。

　実は……行動レベルには3以上があります。レベル④を紹介していいですか？
　この前〇〇さんは石鹸で手を洗った後，蛇口のハンドルを水で流していました。これは友達が気持ちよく使えるためにプラス1の行動をしたといえます。言われてること，当たり前のこと，しないといけないことに「プラス1をする」この行動こそがレベル④となります。それではレベル③とレベル④の違いは何だと思いますか？　成長ノートに書きましょう。
　「プラス1をする」は，なぜその行動をするかを考えられる自発的に行動できる人のことです。自発的な行動の最高峰は「みんなのために自分から見つけて自分から動く人」となります。
　あなたはレベル①～④の何番を目指しますか？番号と考えた理由を成長ノートに書きましょう。
　公の場で活躍できる人はレベル③やレベル④を目指します。みんなにはレベル③やレベル④を目指して社会に出て，「愛される人」になってほしいと思っています。最後に隣の友達にがんばろうとエールを送り合いましょう。

▶少し悩みながら書く様子
・レベル④だと教師が感じる姿を紹介して，自発的な行動の大切さについて語る
▶ドキッとした表情をする生徒もいる

・成長の願いをこめて，力強く語る
▶多くの生徒が真剣に受け止める
・みんなが③や④を目指してほしいという思いをゆっくりと語る
▶笑顔で拍手しながら結束した雰囲気になる

POINT
❶学級の中で，行動レベルが①や②の生徒が必ずいます。そんな生徒が少しでも成長したことを価値づけ，行動レベルが徐々に上がっていることを生徒とともに喜び合うことが大切です。

（久山　耕平）

「公」と「私」を学ぶお話

第4節

心遣い・思いやりは
みんなが幸せになるキーワード

>>> 公の場での心遣いや思いやりの大切さを実感させるための語り

ねらい 生徒の素敵な行動を取り上げて，公の場での心遣いや思いやりを落としこむことで，相手軸で学校生活を送っていこうという思いがもてるようにします。

（朝の会前に友達のネックウォーマーを拾ってそっとロッカーへしまっている生徒がいる）

今日，朝からとても素敵だなって思う光景を見たから，紹介してもいいですか？

「いいですよ！　何ですかー？」

実はAさんなんだけど，朝ロッカーの前に落ちていたネックウォーマーを拾っていました。その後，汚れをはたいてBさんのロッカーにしまってくれてたんです。

このエピソード，素敵だなと思ったんですよね。どこが素敵だと思う？　隣の友達に聞いてみましょう。何人か教えてくれますか？（列指名する）

このAさんの姿を見たとき，先生が昔に見た映像を思い出しました。今から流しますね。

（ACジャパンのCMを流す）

（板書をして，一度読む）

・笑顔で始める
▶緊張感のある空気が少しずつほぐれていく

・様々な生徒に目線をおくる

・一人ひとりの違いを大切にする
▶自分も発言しようという意欲が芽生え，発言がどんどん増える

> 〈こころ〉はだれにも見えない　けれど
> 〈こころづかい〉は見える
> 〈思い〉は見えない　けれど
> 〈思いやり〉はだれにでも見える
>
> （宮澤章二「行為の意味」より）

　このCMで流れた詩を読んでみて，心遣い・思いやりとはどんなものだと思いましたか？

　<u>「心遣い」とは何かに対して心配をすること，気を遣うこと。「思いやり」とは相手の気持ち，心情を考えること，という意味があります。</u>

　また心遣い・思い遣りの「遣」には，自分中心でなく，相手に伝えるという思いが含まれています。

　<u>まさにAさんのように教室の中で自分中心でなく相手を大事にした心遣い・思いやりが増えると，どんどん素敵な教室になりますね。</u>

　<u>公の場では，心遣い・思いやりは「相手の立場や状態や気持ちを理解したり受け止めたりして，みんなが幸せに楽しくなれるようにすること」といえるでしょう。</u>みなさんには，ちょっとした心遣いや思いやりができる人を目指して欲しいと思います。応援しています。

・可視化する
▶「知っている，見たことある」などのリアクションが起きる
・全体に聞いてみる
・心遣い・思いやりは相手軸であることを再確認する
▶改めて漢字の意味をかみしめて，みんな意識が生まれる

・見渡しながらみんなもできるという思いをのせて語る
▶期待に応えたいという前向きな空気感に変わる

POINT

❶心遣いや思いやり，優しさの大切さを何となく知っている生徒が，公の場における態度や行動，しぐさ，振る舞いなどの重要性や必要性について考えることで，より相手意識を高めることができます。

（久山　耕平）

「みんなで笑顔になりたいとき」のお話

「鏡は先に笑わない」
　教室に入るとき，あなたはどんな表情をしているでしょうか？　毎日笑顔でスタートし，笑顔で生徒と接することができていますか。生徒にとって，毎日顔を合わせ，教室という空間で時間をともにする教師の存在はとてつもなく大きいです。教師が笑顔でいることで，生徒も笑顔になっていきます。心理学でいう「ミラーリング」に近いものがあります。
　また，それ以上に生徒は，仲間に影響を受けます。ネガティブな雰囲気があったときに教師が叱るのではなく，ポジティブな雰囲気を教師の言葉で生徒と一緒につくることが大切です。教師の言葉で，個人や集団を価値づけしていきます。そして，心理的安心感のある教室になることで，みんなで笑顔になっていくことでしょう。

この節のポイント
①教師が上機嫌力で生徒と関わる
②個の笑顔を価値づけ，全体に広げる

教師が上機嫌力で生徒と関わる

　菊池先生が考えられている「授業ライブ力」（授業を通して学級を集団として高めていくファシリテーターとしての教師の指導技術）のポイントの中に，「上機嫌力」があります。ここでは，うなずき，相づち力，ポジティブ力などが例としてあげられています。生徒の前に教師として立ち，生徒の発言にうなずく，相づちを打つ，ポジティブな言葉をかけるときの教師の顔はきっと笑顔でしょう。また，教師が微笑みやあたたかいまなざしで生徒たちと過ごすことで安心感のある教室になります。そして，それが生徒の成長には不可欠でしょう。教師の笑顔と上機嫌は生徒に伝染します。また，教室の空気の発信源と受信源は教師であるという自覚を常にもっておくことも大切でしょう。

個の笑顔を価値づけ，全体に広げる

　教室の中では，生徒たちが色々な表情をしています。中には，嫌なことがあって，不機嫌オーラ全開で周りの雰囲気をどんよりとさせる生徒もいます。そんな生徒が笑顔になったときは教師としてとても嬉しく思います。その生徒に直接声をかけることもできますが，ここでは，友達の笑顔に着目します。一人の生徒の笑顔や微笑みなどで，まわりの友達を笑顔にし，安心できる教室ができることを教師が認め，価値づけすることで，教室の空気感が良いものになります。最初から生徒同士で笑顔のやりとりができるわけではありません。一人ひとりの生徒が笑顔の良さを実感し，友達からの笑顔の返しを受けることで，安心できる関係になっていくのです。そのために，まずは，笑顔の教師が生徒たちの笑顔の良さを価値づけするのです。教師が，すべての生徒の笑顔を想像しながら語ることで，自然と笑顔で話せるでしょう。

第5節 「みんなで笑顔になりたいとき」のお話

鏡は先に笑わない

>>> 暗い空気感やそわそわした空気感を断ち切るための語り

ねらい　空気は広がります。1人がネガティブな空気を醸し出していると，周りもネガティブな空気となります。しかし，ポジティブな空気も同じです。語ることでプラスな空気感の教室をつくります。

　コンビニに行ったときに，（小声・無表情・低いトーンで）「いらっしゃいませ」「ありがとうございました」と店員さんから言われたら，どのような気持ちになりますか？　隣の人とどのような気持ちになるか伝え合いましょう。

　自分が感じたことでも，隣の人が感じたことでもどちらでも構いません，教えて下さい。
（列指名する）

　（発表している人の横に立つ）なるほどですね。そんな風に言われたら，お客さんとしては「次は行きたくないな」や「こっちまで気持ちが下がったな」と感じてしまいますよね。
　だから（「鏡は先に笑わない」と板書し，黒板をコツコツとノックしながら）「鏡は先に笑わない」なんですよ。では，これってどんな意味なのでしょうか？　自分の言葉で考えましょう。

・店員のところは大げさに演じる
▶ 笑顔で話す生徒はほとんどいない

・どの意見も共感的に受け入れる
▶ 共感的なリアクションが見られる

・「だから」は全体を見渡しながらゆっくりめに
・一人ひとり違っていいことを伝える

（発表してもらいたい列まで行って）それでは，この列のみなさん教えて下さい。

発表してくれたみなさんありがとう。真剣に考えたのが言葉から伝わってきますね。

<u>鏡には，自分の姿が映りますよね。決して鏡の自分から動くことはありません。つまり，自分自身の振る舞いによって相手の振る舞いも変わり，その場の空気感も変わってくるのです。</u>

先ほどの店員さんのようではなく，張りのある声や高いトーンで「いらっしゃいませ」と話されると，受けた自分自身の気持ちが上がり，その場の空気感も上がりますよね。

しかもその顔が笑顔なら，自然と自分まで笑顔になりませんか？（「空気は広がる」と板書する）

<u>空気の発信源は自分自身です。</u>（「鏡は先に笑わない」を指さして）<u>自分の笑顔がみんなの笑顔につながるのです。</u>

プラスの空気感をつくって広げるために，周りの人と「これから互いにプラスの空気を広げていこう」とハイタッチしながら笑顔で言い合いましょう。

▶ 様々な表現に，うなずきながら聞いている
・説明した言葉がそれぞれ違うことを認める
・強く言い切る

▶ 教師の演技を見て，確かに！とうなずく生徒が半数近くいる

▶ 教師の笑顔につられて，大多数の生徒が笑顔になっている

▶ 満面の笑みでハイタッチし合っている

第5節 「みんなで笑顔になりたいとき」のお話

POINT
❶ 具体例を用いながら伝えたり，教師が演じたりすると，より子どもたちも想像しやすくなります。
❷ 年度はじめにプラスな空気感をつくりたいときや，行事のゴールに向けてクラス全体の気持ちを高めたいときにも有効です。

（荒木　理那）

第5節　「みんなで笑顔になりたいとき」のお話

世界の共通言語は○○

>>> 沈んだ空気を，笑顔でプラスな空気感に変える語り

行事や日常生活でうまくいかなかったときなど，気持ちやモチベーションが下がることがあります。そのようなときに笑顔で空気感を上げて，毎日より充実した日々を送ることができるような雰囲気をつくります。

（世界地図を手に生徒の間を歩きながら）今，世界の人口は何人か知っていますか？　頭の中で予想を立ててみましょう。ちなみに日本は約１億2000万人です。

実は……現在（2024年）世界には約81億人います。

では，様々な国の人たちが使っている共通言語って何だと思いますか？（共通言語と黒板に書く）隣の人に自分の意見を伝えましょう。

はい，やめましょう。みなさんが考えた共通言語は何ですか？（列指名をする）

「英語」や「中国語」という言語が出てきました。しかし，英語を公用語・準公用語としている人たちは約21億人と言われていて，同じく中国語を公用語として話す人たちは，約14億人と言われています。ということは，81億人の全員ではないですよね。

では，どうやってコミュニケーションをしているのでしょう？

・落ち着いたトーン
▶頭が下がっている生徒が複数名いる

・微笑みながら，声のトーンをほんの少し上げる
▶少しずつ顔が上がり，隣の人と話し合っている

▶コミュニケーションの取り方が気になり，ほとんどの生徒の顔が上がっている

それは……（にこちゃんマークを描いて，指し示す）これなんですよ。え？笑顔⁉という反応ですね。でも，（ニコッと笑う）これは，世界中のどこでも通じますよね。だから，ある意味では共通言語なのです。これは国境や年齢，性別など関係なく表現することができます。そして，だれかが笑顔でいるとつられて笑顔になりますよね。するとその場の空気感も上がります。（「空気↑」と黒板に書く）笑顔でいたら自然とプラスのことが起こっていくのです。

　これから，受験などのいろんな困難な場面と立ち向かうこととなります。今回のようにうまくいかないときだってあるかもしれません。しかし，クラス全員で，笑顔で挑戦したり励まし合ったりしながら，空気を上げて過ごしていきましょう。

　最後にもっとこの教室の空気感を上げるために，笑顔で「これからも笑顔でお互いにがんばろな！」とハイタッチしながら言い合いましょう。

- 教師自身が笑顔で
  ▶ 驚いたり納得したりして，笑顔の生徒が増える
- 全体を見渡しながら笑顔で訴えかけるように
- ↑をゆっくり書き注目させる
  ▶ お互い笑顔になって見合っている
- 教師が1番の笑顔になり語りかける
  ▶ 大半の生徒が笑顔になりハイタッチをして空気が和む

第5節　「みんなで笑顔になりたいとき」のお話

POINT

❶ クラス全体の空気感を上げることで，落ち込んでいた生徒の気持ちも相乗効果で上げていきます。話した後に，まだ表情が良くない生徒に対して，「これから少しずつ笑顔になれるようになるといい」などのフォローをすると，よりプラスな気持ちになることができます。

❷ 沈んでいる空気感から，少しずつ交流をして関わりを増やしていくことで，徐々にあたたかな空気感に変えていきます。そして最後はハイタッチをすることで，自然と笑顔になるように語ります。

（荒木　理那）

第5節 「みんなで笑顔になりたいとき」のお話

君はすでに○○をもっている

>>> 人間関係をより良くしていくための語り

ねらい：良好なコミュニケーションは人間関係をより良くすることができます。その1つが上機嫌でいることです。普段から教師が上機嫌でいる理由を伝えることで，生徒同士も笑顔で過ごしていく環境をつくります。

　みなさんに質問です。（電子黒板に，怒っている人や泣いている人，笑顔の人の写真かイラストを提示する）あなたは，このイラストの中でどのような人と一緒に過ごすと，楽しいなどのプラスな感情をもちますか？　隣の人に自分の考えを伝えましょう。（話し合う様子をしばらく観察する）今，お互いに笑顔で話し合っていましたね。（黒板ににこちゃんマークを書く）笑顔でつながる関係って素敵です。お互いに「あなたの笑顔，素敵だね」と言い合いましょう。

　さて，さっきの質問でどのような考えをもちましたか？（挙手をさせて，意見を出す）

　（「君はすでに○○〔の種子〕をもっている」と電子黒板に提示する）ここに入る言葉は何でしょうか。（自由に発言させる）

　これはアランこと，フランスの哲学者，エミール＝オーギュスト・シャルティエの言葉です。さて，アランは，こう言っています（「君はすでに幸福

・笑顔で問いかける
▶笑顔で話し合い，雰囲気が和む

・笑顔が素敵なペアを取り上げて，ほめる
▶さらにあたたかい空気感になる

・1人で挙手をしている生徒がいたら「1人が美しい」と価値づける
▶あたたかい空気感になっているため，たくさんの意見が出る

〔の種子〕をもっている」と電子黒板に提示し，幸福の言葉に注目させるために，コツコツとノックする）。そうなのです。すでにみなさんは，幸福になる種をもっているのです。さらにアランはこのような言葉を残しています。

> 悲観主義は気分によるものであり，楽観主義は意志によるものである。

さらに，「気分に任せて生きている人はみんな，悲しみにとらわれる。否，それだけではすまない。やがていらだち，怒り出す」と続けています。
（「君はすでに幸福〔の種子〕をもっている」をノックして強調しながら）すでに私たちは，幸福になるための種子をもっているのです。それを生かすためには，笑顔でいようと意志をもって行動することが大切です。私自身も，普段から笑顔で過ごすことで，私も私の周りにいるみなさんも楽しい人生になるようにと心掛けています。これから，（にこちゃんマークを指さしながら）で過ごすことで，自分も自分の周りにいる人も幸せに楽しく過ごす環境を，ともにつくっていきましょう。

出典：アラン『幸福論』（岩波書店）

▶ どんなことだろうと，そわそわしつつも笑顔があふれている
・全体を見渡しながら，注目させる
・トーンを少し落としてゆっくり読む
▶ 少し緊張感が走る
・今までの自分はどのように過ごしていたのか，成長ノートに振り返ってもよい
・笑顔で。でも言葉は力強く訴える
▶ 大半の生徒がうなずきながら，意欲的な姿勢となっている

第5節 「みんなで笑顔になりたいとき」のお話

POINT
❶ 笑顔で関わっているところを価値づけることで，さらにより良い関係を構築できるようになります。
❷ 学級開きなど，新しい人間関係を構築していくときに話すことがベストです。人は見た目が9割で決まるということを伝えると入りやすくなります。

（荒木　理那）

第5節 「みんなで笑顔になりたいとき」のお話

平和は○○○から始まる

>>> 笑顔が周りに良い影響を与えることを伝えるための語り

ねらい 笑顔の大切さやその影響力の大きさを実感を伴って知らせることで、笑顔を大事にして自分から積極的に楽しい学校生活を送ろうという気持ちを育てます。

（マザー・テレサの写真を出す）
この写真の人はだれだかわかりますか。
そうです。マザー・テレサさんです。
（黒板に「平和は○○○から始まる」と書く）
ここには、何という言葉が入ると思いますか。
（○○○の中に、微笑みと書く）
平和はなぜ、微笑みからなのか、わかりますか？
（数人の生徒に聞いてみる）

なるほど、微笑んでいる人は戦いを起こさないのですね。そうですね、微笑んでいる人を見ると幸せな気持ちになるのですね。微笑みは、戦争をなくし平和をもたらすほどの力があるのですね。

隣の人に、「微笑みってすごいね」と微笑みながら言いましょう。

今、Aさんはとても素敵な微笑みで、Bさんに伝えていました。聞いていたBさんも素敵な笑顔になりました。

次はこの写真を見て下さい。

・マザー・テレサの生きた時代や生き方について説明を加える

▶何がはじまるのか驚いている

・個人で難しいときはペアで考えさせる

・どの意見も肯定的に受け止める

▶ほとんどの生徒が微笑みながら伝え、伝えられた方も微笑む

・担任の赤ちゃんの

（笑っている赤ちゃんの写真を出す）
　赤ちゃんがかわいいのはなぜでしょう？　なるほど，いつも笑っているからですね。
　<u>赤ちゃんは1日，400回笑うといわれています。笑顔は生きるエネルギーといわれています。</u>
　（黒板に「笑顔は生きるエネルギー」と書く）
　この赤ちゃんに負けない微笑みを見せましょう。こんな感じで（教師が全力の笑顔でモデルを示す）。隣の人にどうぞ。
　今の教室の雰囲気，大好きだなあ。先生が嬉しく思っているのは，なぜだかわかりますか。
　（数人の生徒に聞いてみる）そうです。<u>みんなの生きるエネルギーを感じたからです。</u>
　<u>1人の微笑みが友達を笑顔にして，そして教室の雰囲気を良くして，人を嬉しくさせたり，幸せにさせたりできるのですね。笑顔は自分だけでなく，まわりの人も幸せな気持ちにする素敵な一歩です。</u>
　<u>みんなが本来もっている生きるエネルギーの笑顔をこれからも大事にしていきましょう。</u>
　<u>「笑顔・幸せ・友達」という言葉を使って成長ノートに書いて下さい。</u>

（側注）
時の写真でも良い
▶ 驚きながらも，うなずいたり，納得したりしている
・教師が全力で手本を示すことで生徒の抵抗感を薄める
・教師が「いいね」「かわいい」などを笑顔で言うことで，みんなで笑顔になり教室の空気があたたまる
・幸せな気持ちを言葉にのせる
・教師が笑顔で楽しそうに伝える
▶ 笑顔の大切さを感じてみんなが微笑んでいる

POINT
❶ 1人の笑顔からクラス全体の空気感が変わることを実感できるようにします。
❷ 教師が全力の笑顔でモデルを示すことで，生徒が安心してやりとりができるようにします。

（荒木　鉄成）

「トラブルがあったとき」のお話

　3月。先生方の目の前にいる生徒が大きく成長している未来を思い浮かべてみてください。次のどちらの方が生徒の成長度合いが大きいと思いますか。

> ・トラブルを一方的に叱責し，押さえつけて迎えた3月。
> ・トラブルを成長につなげることを大切にして迎えた3月。

　答えは明確です。トラブルを成長につなげるという教師の心構えこそが，トラブルがあったときの語りをする上で最も重要です。そして，生徒の前向きな心を育てることで，トラブルに屈しない強い生徒へと成長していくはずです。

　人と人とが関わり合いながら生きていく以上，トラブルは起こるものです。まずは「トラブルは起こるもの」という前提に立つことが，トラブルを乗り越える鍵となるでしょう。

この節のポイント
①トラブルを成長につなげるという教師の心構え
②生徒自身の捉え方を変える

トラブルを成長につなげるという教師の心構え

　トラブルが起こったときに，教師が悲観的になることはありません。トラブルが起こったことで，生徒自身にマイナスな感情が生まれているはずです。そのマイナスな感情を教師が広い心で受け止め，「トラブルが起きている今は成長できるチャンスだ」ということを直接的もしくは間接的に伝えることで，生徒に安心感を与えます。

　トラブルをチャンスだと捉えることのできる教師のマインドと余裕があれば，感情ではなく理性で生徒の成長と向き合うことができるでしょう。そして，教師の都合ではなく，生徒を第一に考えた「言葉」が見えてくるはずです。

生徒自身の捉え方を変える

　教師だけでなく，生徒も「トラブルを成長につなげようとする心」をもてるようにしたいです。そのためには，生徒に「捉え方を変える」きっかけを与えることが大切です。

　トラブルが起きたときにどうしてもマイナスな捉え方をしてしまう生徒がいます。「こんなことをされたから相手が悪い」「トラブルが起こったからダメだ」といった捉え方です。しかし，そのような捉え方をして生きていくことは，生徒自身が苦しむことにつながります。ほんの少し捉え方を変えることで，明るい世界が見えてきます。だからこそ，良い意味で，生徒の固定観念を崩し，新たな考え方に触れるきっかけを与えます。

　この節の中では，「マイナスをプラスに変えよう」「他責から自責へ」「空気の暴力」など，生徒が新たな考えに触れるきっかけとなり得る語りを示しています。教師の語りを聴くことを通して，捉え方を変えてみたり，マイナスなできごとをプラスに捉えてみたりすることで，前向きな心に変わっていくことを感じられるようになるでしょう。

第6節 「トラブルがあったとき」のお話

マイナスをプラスに変えよう

>>> 相手への捉え方を変えるきっかけにするための語り

ねらい 学校生活の中で，何気ない冗談で傷ついたり，マイナスの言葉によってトラブルになったりすることがあります。そんなときに，自分中心でなく，相手の立場を考えてリフレーミングするきっかけを与えます。

　以前，みなさんに「教室からなくしたい言葉」を書いてもらいました。その中で，「キモい」「チビ」「おっちょこちょい」などの，その人の人格や体型を否定するような言葉がたくさんあがりました。

　先生も，残念ながらこの学校で聞いたことのある言葉です。しかも，仲良しの関係同士で，冗談のように言っていたのです。
（「チビ」と板書する）
　仲良しの友達からこう言われたら，どう思う？
（列指名する）
　「冗談でも嫌な気持ちになる」「仲良しだからと言って，何でも言っていいわけではない」
　たしかに，その通りですよね。
（「小柄でかわいい」と板書する）
　では，こう言われたらどう思う？
（列指名する）
　「さっきよりも柔らかい言い方になった」「嫌な気持ちはしない」

・真剣な表情で
▶ピリッとした緊張感が漂う
・低めのトーンで
▶「許せない」「嫌だ」と強い口調で対話している

・生徒の発表をしっかりと聞き，共感する
▶うなずき，ハッとする表情になる生徒

たしかに「チビ」のような棘のある言葉ではないですよね。このように，見方を変えて別の言葉で表すことを「リフレーミング」といいます。今日はみんなで，リフレーミングをして，プラスの言葉を○組に増やしたいと思います。友達と協力して考えますよ。班にしましょう。

　では，「おっちょこちょい」，「キモい」はどうリフレーミングできるでしょう。班で話し合いましょう。

　〜班で交流し，発表し合う〜

　「おっちょこちょい」は「元気だね」，「キモい」は「独創的だね」など，プラスの言葉に変換することができましたね。みなさんのリフレーミング，とてもセンスが光っていました！

　<u>仲がいいからといって何も考えず言葉をかけてはいけませんよね。一度立ち止まって言葉を変換していきたいですね。そうすると，教室の中のトラブルも自然となくなっていくでしょう。言葉が変われば教室が変わります。みんなで素敵な教室にしていきましょう！</u>

・ゆっくりと「リフレーミング」と言う
▶興味津々で前のめりになる

・例を提示しても良い
▶「それいいね！」など互いのアイデアを認め合い，あたたかい空気感に変わる

・力強く，心をこめて
▶「よし！」という表情になり，学級の結束力が強まる

POINT

❶ リフレーミングをする活動を通して，様々な言葉の転換を知り，マイナスをプラスに変える良さを体感できるようにします。

❷ この一度だけで終わらず，継続的にこの活動を行うことで，リフレーミングの思考が体にしみついていくことでしょう。

（楠元　喜子）

第6節 「トラブルがあったとき」のお話

他責から自責へ

>>> 自分に矢印を向けて，成長できるようにするための語り

ねらい 相手を責める発言が気になり始めたタイミングで語ります。自分自身が変わろうとすることで人生が好転していくことを伝え，自分自身で明るく楽しい生活をつくっていこうという思いがもてるようにします。

（「他人は変えられないが，○○は変えられる」と板書する）

空欄にどんな言葉が入ると思いますか？　隣の人に，どんな言葉が入る？　聞きましょう。どうぞ。（特に響いてほしい生徒のそばへゆっくりと歩いて近づく）

○○さん，他人は変えられないが？

そうです。自分は変えられるんです。

○○さんに拍手！

嫌なことがあったときに，こんなことを思ったことはありませんか？

相手が悪いやん！　私は悪くないし！

そんな経験がある人？　いますよね。

私も学生の頃，そんな経験があります。いつも一緒にいる仲の良い友達がいたんです。その友達から，ちょっと冷たい態度を取られるようになって，その友達のことを，大嫌いと思ってしまったんです。

- 全体を見渡し，静かな空気がつくられてから板書を始める
  ▶ 全員がチョークの先に注目し，学ぶ心構えができる
- 「変われるよ」という思いをこめて
  ▶ 柔らかい笑顔があふれる
- 挙手を促す
  ▶ ほとんどの生徒が手を挙げる
- 一人ひとりと目を合わせながら，後悔している表情で

「友達が悪い！　私は何もしてないのに！」って。そう思ってからは，どんどん友達関係が崩れていきました。話すことも連絡を取ることも一切なくなりました。

　このように，昔の私は「自責」ではなく「他責」でした。友達のせいにしていたということです。でも，友達のせいにしたところで，解決したかな？そう。何も解決しませんでした。もちろん，友達が簡単に変わってくれるわけでもありません。だったら，自分自身が変わろうと思ったんです。嫌なことがあったときに，「自分にも何かできることがなかったかな？」と考えてみるんです。そうやって，自分自身に矢印を向けることが，自分自身の成長につながります。

　私は，「他責」から「自責」へと変わっていったことで，好きだと思える自分に近づいてきていることを実感しています。どうですか？　人のせいにして生きていくより，よっぽど幸せな生き方だと思いませんか？

　いつだって変わるのは自分自身です。

- 語る
- ▶ 真剣な表情になり，ぴりっとした空気感になる

・問いかけることで，思考を促す
▶ 全員が首を横に振る

・自分自身を指さしながら

・幸せな表情で語り，問いかける
▶ 表情が柔らかくなり，教室に安心感が生まれる

・力強く言い切る

POINT
❶ターゲットとする生徒を明確にしておき，その生徒に答える機会を与えたり，その生徒への拍手を促したりすることで効果が高まります。
❷教師自身も他責思考だったという過去を自己開示することで，安心感を与え，自分も変わることができるかもしれないという期待感がもてるようにします。

（前田　凜太郎）

第6節　「トラブルがあったとき」のお話

空気の暴力

>>> いじめなどのトラブルを未然に防止するための語り

ねらい　冷たい空気感を感じたときに，言葉の暴力，殴る蹴る暴力，空気の暴力について語り，自分たちの言動を見つめ直させることでいじめの未然防止につなげます。

みなさん，この人を知っていますか？
（生徒に写真を見せながら，教室を回る）

そうです。ローランドさんです。彼の言葉は人々の心を打ち，本にもなっていますね。

そんなローランドさんは，暴力には3つの種類があると言っています。

（黒板に「（　）の暴力」と書く）

（　）の中にどんな言葉が入ると思いますか？隣の人と相談してみましょう。

「言葉」「心」「SNS」「力」

様々な暴力がありますね。

ローランドさんが言った1つ目の暴力は，言葉の暴力。2つ目は殴ったり蹴ったりの暴力。3つ目は……空気の暴力です（「空気」と板書する）。

空気の暴力という言葉を聞いたことがある人は手を挙げてください。聞いたことがない言葉ですね。

では，ローランドさんが言った空気の暴力ってどんな暴力だと思いますか？

▶「あー！」や「だれだっけ？」などと明るい反応が多く見られる

・始めと雰囲気を変え，真剣な表情，口調で話す

▶少し緊張した空気感に変わる

・どの意見も共感的に受け止める

▶ほとんどの生徒が手を挙げない

▶空気の暴力の意味を考え始める

080

「怒った空気を出す」「来ないでほしいという雰囲気」「冷たい目で見る」

そうです。これが空気の暴力です。

<u>この空気の暴力を，無意識にやる人がいます。みなさんはやっていませんか？ この言葉を聞いたことのある人も少なかったように，空気まで意識している人は少ないのです。だから，この空気を意識できるとクラスの雰囲気は変わっていきます。</u>

みなさんは，冷たい空気が流れる教室，あたたかい空気があふれる教室，どちらの教室が良いですか？ では，どちらかに手を挙げます。

そうですよね。あたたかい空気があふれる教室が良いですよね。先生も同じです。そんな教室をつくりたいのです。そんな教室にするために「あたたかい空気があふれる教室にするために」というテーマで成長ノートに思いを書きます。自分やクラスと向き合って書きましょう。

きっとね，言葉，殴る蹴る，だけでなく空気の暴力についても意識できるとみんなはもっと良い関係になるんじゃないかなと思うんです。

- 空気の暴力について問い，生徒の言葉で定義づけていく

- 毅然とした言葉で言い切る
  ▶ さらに緊張感が高まり，自分の行為を振り返る

- 挙手を求め，立場をはっきりさせ，目指す教室のゴール像を明確にする
- 力強く語り，ゴール像を共有する
  ▶ 静かな空気の中で自分やクラスと向き合う

POINT

❶ 空気の暴力について問い，生徒の言葉で具体例を出します。やり取りの中で具体化していくことで自分事の学びへとつながります。

❷ 挙手を求めながら語ることで，自分の立場をはっきりさせます。また，毅然とした言い方で伝えることも大切なポイントです。

（中野　秀敏）

「トラブルがあったとき」のお話

第6節

いじめ

>>> いじめをきっかけに安心できるクラスをつくるための語り

いじめが起こった後に，クラスのみんなで向き合うことで，いじめはみんなを不幸にすることに気づかせ，だれもが安心できるクラスにしていこうとする思いを育てます。

　ある人の靴箱に傷つく言葉が書いてありました。
　これは書かれた人と書いた人の問題ではなく，このクラスで起こった問題です。みんなで真剣に向き合う責任があります。
　みなさんはこのいじめについてどう思いますか？
　一番傷つき，辛い思いをしたのは書かれた人です。きっと「どうして私が？」と自問自答し続けたでしょう。人間不信になり，みんなのことが怖く，この場にいるのも嫌で嫌でたまらず，苦しいでしょう。
　このような憤りと悲しみでいっぱいなのは書かれた人だけではありません。その家族も同じです。昨日家族の方に話をしたら，髪の毛を掻きむしるように，「なぜ，うちの子なんですか!?」と繰り返し繰り返し叫び，肩を震わせ泣き崩れていました。
　私もこのクラスでこんなことが起きて，非常に悲しい。話を聞いているみなさんも同じだと思う。

　いじめは人間として恥ずべき醜い行為であり，れ

- 生徒が正対してから始める
- 毅然とした表情できびしさをもって語る
  ▶ 全員が真剣な表情をしている

- 家族の憤りや悲しみなどの思いが伝わるように，様子を詳しく描写する
  ▶ 書かれた人やその家族の思いを想像しながら話を聞く

っきとした犯罪です。いじめは被害者の心に一生残り，被害者の人生をだめにします。最悪の場合，死につながる可能性もあります。加害者の多くは，自分の過ちに一生苦しみ続けます。いじめは被害者，その周りの人，そして加害者までも不幸にします。いじめが起こると周りを信じることができなくなります。安心して過ごせなくなります。

みなさんはそんなクラスになっていいですか？
「あなたが今しているいじめの光景 未来のあなたの子どもに見せられますか……？」という標語があります。みなさんの姿は，未来の子どもに見せられる姿ですか？

最後に，今日いじめについて思ったことを，一言も話さずに10分間ノートに書き続けなさい。
（生徒の書く様子を見守る）
今から全員分を読んでいきます。みなさんは一人ひとりの言葉を胸に受け止めて，よく聞きなさい。
今書いたことがみなさんの正直な心だと信じています。

出典：「いじめ防止標語コンテスト」第4回受賞作品
佐世保市立大野中学校の作品

・毅然とし，いじめを絶対に許さないという思いで，強い口調で語る
▶張り詰めた空気感になる
▶首を横に振ったり，それは嫌だという表情をしたりする
▶全員の視線が教師に集まる

・口調にきびしさを出す
・名前を伏せて，静かに淡々と読む
・力強く，生徒を心から信じて

POINT

❶いじめの授業は年間を通して行い，日頃からいじめを許さないという空気感にしていきます。いじめが起こった場合は，被害者のことを第一優先で考えます。毅然とした表情，口調でいじめを絶対に許さないという思いで語ります。いじめはみんなを不幸にすることを，色々な立場の思いから気づかせることが大切です。

（中野　衣織）

「行事の良さ・意義を伝えたいとき」のお話

　第7節では，行事前，中，後のそれぞれの場面を想定し，行事の良さや意義を伝える語りを紹介します。

　昨今，校務や生徒の負担軽減のために行事の削減が議論されています。これからの時代は今までのような時間はかけられません。しかし，中学校生活における行事が生徒の成長に大きく関与する事実は変わりません。限られた時間の中で，いかにして生徒を成長させるか。そう考えたときに，教師の語りや，生徒が思いを表明していく場面の重要性は増しています。

　一方で行事にはトラブルがつきものです。今回の語りは1学期における行事（合唱コンクールを例に）を想定しています。チームビルディングの視点から考えると，まだ集団の「混乱期」にあたります。そのトラブルを乗り越えるためにも，教師の語りが有効です。トラブルが起こってしまったときに，事前に語った価値観を基に教師と生徒が向き合ったり，トラブルを乗り越えたりする経験をさせたいですね。その経験があるからこそ，学級集団は次のステージに進み，生徒一人ひとりが輝く学級で個性が磨かれていくのです。

この節のポイント
①行事の過程の成長を見つめる
②成長ノートや振り返りを共有し，クラスに前向きな言葉をあふれさせる

行事の過程の成長を見つめる

　行事の目的は生徒の「成長」です。生徒指導提要にも行事を通して「集団や社会の形成者としての見方や考え方を働かせて，よりよい生活や人間関係を築き，人間としての生き方について自覚を深め，自己を生かす能力を獲得する」と示されています。

　集団との関わりの中で自分の生き方を見つめる機会を設けたり，行事を通して新たな価値観に触れたり，友達の良さに触れたりするためにも，教師の価値づけや，それを効果的に伝えるための語りが必要です。

　賞が取れたかどうかではなく，クラスという集団として，いくつ大切な価値観に触れることができたか。その中で一人ひとりがどのように成長していったのか。それが行事の最大の成果です。

　そのために行事前，中，後の語りを用意しました。生徒の現状をよく把握してタイミングを考えて，自分の言葉で語ってみてください。

 成長ノートや振り返りを共有し，
　クラスに前向きな言葉をあふれさせる

　行事は得意，不得意があり，やる気に「差」が生まれます。だからこそ，クラスを前向きな言葉であふれさせましょう。

　賞以外の個と集団の成長という最大の目的を共有した後に，成長ノートや振り返りを書けば必ず，自分がクラスのために何ができるか，どうやってがんばるかなど前向きな言葉があふれます。教師が言葉にじっくり目を通し一人ひとりの思いと向き合うことで，クラスの成長を加速させていきましょう。

　また，語ったことを価値語として「価値語の植林」の場面を増やしたり，価値ある行動を見逃さず，写真とともに「価値語モデル」を作成したり，さらには「白い黒板」の活動を取り入れて，クラスで共有した後に成長ノートを書くとより効果的です。

　ぜひ菊池実践と語りの相乗効果を味わってみてください。

第7節 「行事の良さ・意義を伝えたいとき」のお話

目的と目標

>>> 賞だけでなく，学級や一人ひとりの成長に目を向けさせるための語り

中学生にとって学校行事は価値ある時間です。しかし，賞だけに目が向いて目的を見失うことがあります。そんなときに目的はあくまで個と集団の成長であり，希望をもって毎日の練習に臨む気持ちを育みます。

　いよいよ合唱コンクールの練習が始まります。みなさんの目標は何ですか？
「最優秀賞！」「去年は金賞取れなかったからねー！」「今年こそ！」
　そうですね。最後の合唱コンクール，最優秀賞で有終の美を飾りたい。最優秀賞，もちろん狙いましょう。しかし，それはあくまで「目標」です。

　<u>みなさんが，貴重な昼休みを使ってまで，毎日合唱を練習する「目的」はなんでしょうか？</u>
「クラスの団結！」「仲良くなる！」
　さすがです。目標と目的の違いがわかっています。昨年も素敵な合唱を経験してきたのですね。
　先程はクラスの成長が多く出ました。では「あなた」はこの合唱を通して，何を変えたいですか。
　近くの人と話してみましょう。
　（生徒と対話をし，発表できるように支援する）
「周りを助けられる人になりたい」

・生徒の自主性を尊重するために，生徒の言葉に耳を傾ける
▶ 昨年度のことを思い出しながら，意欲的である

・個と集団の成長はそれぞれたくさんあるからこそ，すべての意見を聞く
▶ 友達の意見をうなずいて聞いている
▶ 発言に触発されて意見が出る

「信頼されるリーダーになりたい」
「苦手なことでも努力したい」
　どれも素晴らしいですね。合唱を通して自分を成長させたいという願いが素敵です。
　イギリスの小説家・ロバート・ルイス・スティーヴンソンもこう言っています。
「希望に満ちて旅行することが，目的地に到着することより，良いことである」
　<u>この合唱をがんばることで得られる成長を願うみなさんの気持ちこそが「希望」です。</u>本番までの時間，みんなが言ってくれた成長を求めて，希望に満ちた時間を過ごしましょう。
　しかし，希望は残念ながらすぐに見えなくなってしまいます。<u>希望を曇らせるのは「不満」や「愚痴」です。反対に，希望をより輝かせるのは「感謝」です。</u>合唱に対しての思いはまだそれぞれ違います。その違いを受け入れて一緒に進んでいく仲間に感謝できる最高のクラスをつくりましょう。
　今年の合唱もがんばりましょうね。

- 一つひとつの意見の理由を尋ねてみるのも良い
- 電子黒板に掲示
- これからの練習が希望に満ちて充実した時間になることを願って，笑顔で語りかける
  ▶ さらに明るい表情になる
- 一人ひとりに言葉の意味が届くように，気持ちを乗せて，間や目線を意識して語り始める
  ▶ 教師のメッセージに正対して話を聞いている

POINT

❶賞を取ることは「目標」であり，自分たちががんばる目的は他にあることを繰り返し伝えていきます。壁に当たったときにも，この壁を乗り越えることが成長につながると考えることができます。

❷最後にみんなで成長という目的を目指すために気をつけてほしいことを伝えます。希望に満ちあふれる始まりだからこそ，未然防止の観点の語りも生徒の心にしみていくはずです。

（小﨑　良行）

「行事の良さ・意義を伝えたいとき」のお話

桜が咲くために必要なもの

>>> 行事が苦手な生徒のことを思いやるあたたかい心を育むための語り

クラスで団結して取り組もうとしても，合唱や運動に対して苦手と感じる生徒もいます。だからこそ，集団の中で不安な気持ちの仲間に寄り添うあたたかい心を育みます。

受験に合格することを「桜咲く」と言います。
では，合唱コンクールにおける「桜咲く」とは何のことでしょう？ 隣の人と考えてみてください。
（列指名）「最優秀賞」「仲良くなる」「笑顔になる」
（生徒の近くでその答えを聞きながら大きくうなずく，目が合った生徒に口の動きで，「これいいね」）
どれも素敵な「桜咲く」です。合唱が終わったときにたくさんの桜が咲いてほしいと思います。

ではもう一つ質問です。
桜が咲くために必要なものはなんでしょうか？
桜が咲くために欠かせないのは「あたたかさ」です。金賞を達成するためにも，最高のクラスづくりをして笑顔になるためにも，クラスを団結させるためにも，欠かせないものは「あたたかさ」です。
そして行事に必要な「あたたかさ」とは「不安な気持ちの仲間に寄り添うこと」です。
合唱が苦手な人たちが音取りの不安で歌えなくな

▶ リラックスした状態で話を聞き，対話が始まる

・笑顔で対話の中に入って話に耳を傾ける

・意見に共感しながら目線で全体にも共感を促していく

▶ 目線が合って笑顔が広がる

・「あたたかさ」を象徴する練習中の写真とともに価値語モデルを示す

・間を空けて真剣に語りかける

ることもありました。でも実行委員のAさんが音取りできるように一生懸命サポートしてくれました。

　そんなAさんも「合唱がうまくいくのか不安です。こんな自分がリーダーでいいのですか」と相談してくれましたね。そうやってみんなが不安を抱えながらも，ここまでがんばってきたのです。

　<u>そんな「不安な気持ちの仲間」も含めて，全員ががんばれるのはあたたかく寄り添う仲間がいるからです。</u>

　だれかが不安なときに，気づいて声をかけて励ます。仕事をサポートする。そっと話を聞いてあげる（電子黒板に写真を掲示しながら話す。生徒の中に入って，ゆっくりみんなに語りかける）。

　<u>これまでの練習でもたくさんのあたたかさに触れてきたはずです。それがもっと増えていけばクラスに笑顔の桜の花がたくさん咲くはずです。</u>そんなクラスは間違いなく合唱を通して成長できるでしょう。

　それでは，みなさんあたたかく寄り添いながらがんばろうと決意した人は起立します。さぁ歌いましょう！

- だれもが不安や悩みを抱えながらもがんばってきたことを共有する
  - ▶ Aさんの話にうなずく人がいる
- トーンを落とす
  - ▶ 教師の語りの変化に呼応して，真剣な表情になる
- 教師が心から良かったと思うことを思い返しながら，生徒の近くで語ってあげることで思いを伝える
  - ▶ 表情が引き締まって立ち上がる

第7節 「行事の良さ・意義を伝えたいとき」のお話

POINT

❶ 行事でクラスの団結を阻害する要因が，「差」です。得意・不得意，積極的・消極的，考え方や性格の差を乗り越えるために必要なものが他人を思いやる「あたたかさ」であることを桜の開花を例に示します。

❷「あたたかさ」を象徴する写真を掲示することで，具体的なイメージをもち，「あたたかさ」を増やそうという気持ちを育みます。

（小﨑　良行）

第7節 「行事の良さ・意義を伝えたいとき」のお話

率先垂範

>>> 率先して手本を見せることが，成長につながると意識させる語り

先輩の姿から多くを学んで成長する中学生。先輩から学んだことを思い出し，後輩の成長を願って率先垂範の姿勢で手本を見せることがみんなの成長につながると信じて努力する心構えをつくります。

　今日の昼休みは1年生との合同練習ですね。とても楽しみです。
　（いい表情の生徒の近くに歩いて近づきながら）
　Aさん意気込みを聞かせてもらっていいですか？
「3年生の合唱の歌声のきれいさや一生懸命さが伝わるようにしたいです」
　とても素晴らしい意気込みですね。私も同じ気持ちだよという人は勢いよく立ちましょう。

　今日の合同練習はいつも以上にやる気になっていますね。それはなぜですか？
「自分たちが1年生のときにも先輩が手本を見せてくれたからです」
　<u>素晴らしい先輩との出会いがみんなの合唱のやる気につながっているのですね。そしてそんな先輩たちのように後輩にも同じように手本を見せてあげたいという気持ちが本当に素敵です。</u>
　こうやって率先して行動で手本を見せることを

・生徒の中に入りながら，笑顔で語りかける
▶ 目線が合い，うなずいたり笑顔になったりする
▶ 勢いよく立ったり，友達と目を合わせながら笑顔で立ったりする
・どちらの姿もいいねと声かけしてあげたい
・今までのがんばりを認め，生徒に思いを語らせる場面を多くつくる

「率先垂範」と言います。みんなのがんばりがこの学校の伝統となり，後輩に信頼される先輩になっていくのですね。ではみなさんが手本として見せてもらったことはなんですか？　自分以外の考えを得るために，友達の意見を聞いてきましょう。

では発表してもらいます。その場に腰を下ろしてください。自由起立発表で答えてもらいます。
「準備の早さです」「挨拶から違いました」「優しくアドバイスしてくれました」「表情から違います。いい顔で歌っていました」

先輩から学んだことを，今でも鮮明に覚えているのですね。先輩たちもみんなと同じように，後輩のために手本となりたいと思っていたのです。

今日の合同練習は率先垂範の姿勢でがんばりましょう。その姿勢は，必ず普段の学校生活での率先垂範につながり，みんなはさらに成長するはずです。隣の人に向かって大きな声で言いましょう。がんばろうね！　「がんばろうね！」

- 自分のがんばりが伝統となり，後輩を育てることに誇りを感じられるようにする
- 対話の中に入って多様な視点を引き出し，多くのことを先輩から学んだことに目を向けられるようにする
▶ 自由な立ち歩きで柔らかな対話
- 先輩たちも同じ気持ちで成長してきたことを伝える
▶ 隣の友達と笑顔になり，クラスのやる気が一段階高まる

POINT
❶ 先輩から学んだことは生徒の心に深く刻まれています。手本を見せてもらった生徒は必ず自分たちもかっこいい先輩になりたいと思っています。その気持ちを表現する場を設定しましょう。
❷ 率先垂範の姿勢は日常の学校生活に活かしてこそ，成長につながります。最後は日常生活に活かす視点で話をしましょう。

（小﨑　良行）

第7節 「行事の良さ・意義を伝えたいとき」のお話

行事的打ち上げ花火にするな

>>> 行事の成功を，より良い学校生活での成長につなげるための語り

みんなでがんばった学校行事。行事後の1週間はがんばりが続きます。でもその後に燃え尽きてしまう生徒がいます。燃え尽きる生徒を出さずに，さらなる成長に向かって歩み続ける心構えをつくります。

　この合唱コンクールを通して，自分の成長を振り返りに書いてもらいました。1週間経った今，学校生活に活かせていますか？　クラスの中で合唱コンクールを通して変わったと思うことを隣と話してみましょう。

（生徒の対話の中に入りながら発言をほめる）

「おー，対話に移るスピードが抜群ですね」「話し合いの笑顔が増えましたね」「もう5個も考えたの？すごい!!　他のペアも負けてられないね」

ではみんなに教えてください。

（自由起立発表）

　たくさんあるのは最優秀賞より価値あることです。

　今回の合唱コンクールを誇りに思うみなさんだからこそ，一つだけアドバイスをさせてください。

　それは行事を「打ち上げ花火にしない」ことです。今回の合唱コンクールの「輝き」を打ち上げ花火のように，一瞬の輝きにしてほしくないのです。

・賞に届かなかったときこそ最高の笑顔で語りかける

・価値づけながら対話を加速させる
　▶対話のテンポが上がり，活発に議論される

・いいねと励まし，発表につなげる

・意見はすべて聞く
　▶打ち上げ花火とは？と疑問を顔に浮かべている

（図を示しながら）打ち上げ花火は美しく輝きます。でもその後，たまがらと呼ばれるものが落ちてきます。そしてまた花火の打ち上げを繰り返します。

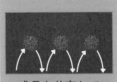

- 成長を共有しているからこそ，ここからのがんばりに背中を押す気持ちで力強く伝える
▶ 自分たちのがんばりの価値を噛み締めながら真剣に聞いている

　これを今回の行事に当てはめて考えてみましょう。美しく輝いても，燃え尽きてしまってはまた低い位置に戻ります。つまり普段の学校生活では，活躍できない日々が続きます。また，次の運動会では今回と同じところまでしか上がれないのです。
　では，どのように成長していきたいですか？
　（Cさんにチョークを渡して）黒板に書いてみてください。おぉ，上に上にと，上がっていく線を書いてくれました。打ち上げ花火のように地上に落ちてしまわず成長し続ければ，運動会ではさらに大きな成長を手にすることができそうです。だからこそ今日からの学校生活をがんばることが大切なのですね。

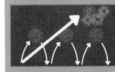

- 生徒が書くことで，自分事として話を聞けるようにする

　こう考えられたのは，みなさんのがんばりのお陰です。ありがとう。合唱での成長を「日常」に活かしていきましょう。今日の授業もクラスの仲間とともに成長する時間にしましょうね。

> **POINT**
> ❶行事後の振り返りや成長ノートを活用して，自分たちの成長に目を向ける準備をしておきましょう。
> ❷行事における生徒の成長を全力で価値づけることが，次の日常の高まりにつながっていきます。

（小﨑　良行）

「成長を実感させたいとき」のお話

　医師の日野原重明さんは，100歳を超えても講演や執筆に精力的に取り組み続けました。彼は言います。「新しいことに挑む限り，人は老いないことを実感しています」(「くらし塾　きんゆう塾2012年春号」より）常に新しいことに挑戦し続けていくことで，人はだれしもいくつになっても成長していくことができます。

　特に大きな行事でなくとも成長を感じる場面は，日常にもたくさんあります。「昨日は全く反応しなかった生徒が，今日はかすかに口角を上げた」「ペアトークで相手の方を向いて話した」という小さな変容だけでも，それは成長です。ところが，そのわずかなプラスの変化に対して人は気づきにくく，まして自分自身のこととなるとなおさら成長を感じることは難しいのではないでしょうか。

　成長の実感は，まわりの人たちとの関わりの中で，認められることによって生まれてきます。成長を実感することにより，さらに行動は変わり，さらなる成長へとつながりプラスのスパイラルをつくり続けるのです。

この節のポイント
①成長する姿を具体的にイメージさせる
②成長を可視化することで実感させる

成長する姿を具体的にイメージさせる

　成長を実感させたいときに大切なのは，場面に応じ成長する姿をどれだけイメージさせられるかです。それもできるだけ具体的なものの方が実現しやすくなります。ここでは，「竹の節」を取り上げ，困難を乗り越え竹の節のように強くしなやかになることや「大谷翔平のマンダラチャート」で1年後の自分を具体的に思い描くといった，できるだけ成長イメージにつなげていきやすい事例を取り上げています。

　また，成長は，特別なことをやって生まれるものではありません。日々の中に個々の「成長の種」は潜んでおり，それを教師がいかに見つけ出していけるかが鍵です。それは，マイナスと思える中にも潜んでいます。そして，個の成長を具体的な事例を通していかに全体のものへと広げつなげていくかによって，集団の価値意識は大きく変わっていきます。まずは，教師がアンテナを張り，気づく目をもつことが必要不可欠です。

成長を可視化することで実感させる

　成長していることは，周りから感じることができても自分自身で感じることは難しいものです。給食時に笑顔で配膳したり，さりげなく欠席者の机上のプリントを整理したりといったさりげない行動は，本人も無意識で周りも気がついておらず見逃してしまうことも多いかもしれません。また，どんなことを成長と捉えるのかも人によって異なることがあります。

　自分自身の成長やクラスの成長を全員が板書していく「白い黒板」や，成長の姿を撮影し，そこに意味づけした「価値語モデル」などは，可視化された言葉や写真によって自分たちの成長を実感しやすく，何を成長とするかを価値づけ，共通認識もとりやすくなります。可視化していくことで，自分や友達，クラスの在り様を俯瞰することができ，今まで成長と捉えていなかったことにも成長の芽を感じることができるようになります。

第8節 「成長を実感させたいとき」のお話

なりたい自分，ありたい学級

>>> 1年後の自分の理想イメージを抱かせるための語り

4月の最初の目標設定のときに，1年後の自分や学級がどうなっていたら良いかというイメージを具体的に書き，友達に伝え合う活動を通して，理想イメージを抱くことができるようにします。

　みなさんは，1年前の自分が，1年後にどんな自分になりたいと思っていたかを覚えていますか？

　では，今，「なりたい自分」になっていますか？隣の人に聞いてみましょう。

　「なりたい自分」に近づいていると思った人は？

　（挙手した生徒がいたら聞いてみる）

　みなさんもよく知っている大谷翔平さんは，子どもの頃，今，大リーガーである自分を想像できたでしょうか？

　これは大谷翔平さんが高校時代につくったマンダラチャートというものです。彼は，中心に「ドラフト1位」を置き，そこに近づくために自分は何をすれば良いのかを具体的に考えていきました。

　よくみなさんが目標を書くとき，「○○高校に合格する」や「県大会1位」などと掲げますが，大事なのはそこに行きつくまでにどうすれば良いのか具体的に考えて言葉にしていくことです。それは，このマンダラチャートのように具体的であればあるほ

▶「これから始まるんだ」とやる気に満ちた空気感で真剣に聞こうとしている

・まだ関係性ができていないので，教師がいろんな場面で価値づけをしていく

〈例〉
・横とすぐに話し始めているペア
・勢いよく挙手
・周りに影響されず自分で判断し挙手
・正対し聞いている

どより実現しやすくなります。学級についてもそうですね。どんな学級でありたいかをイメージしていく。そのための手段をできるだけ具体的に考えてみる。では，これから1年後の自分はどうなっていたいですか？　そして，学級はどうありたいですか？具体的にこのカードに書いてみましょう。

　これから全員起立し，友達がどんな考えか聞き合いましょう。

（自由に立ち歩き紹介し合う）

　友達との聞き合いはどうでしたか。

　「Aさんは，挨拶名人になるって書いてて，やる気満々ですごかった！」「私はみんなが笑顔あふれる学級って書いたんだけど，聞いてくれた人たちは早速笑顔になって嬉しかった」

　今，みなさんは自分の思いを友達にしっかりと伝えることができました。1年後の自分のゴールイメージをもてる人は，必ず成長します。それを書き伝えることで実現へとつながります。そして，このカードを筆箱など目につくところに入れ，意識していきましょう。みなさんは必ず成長します。実現します。私が保証します！　今日は，そこに向けてのスタートです。がんばってください。

・大谷翔平の写真とマンダラチャートを掲示する
・教師が自分のマンダラチャートを例示する
・板書

○1年後の自分はどうなりたいか
○1年後の学級はどうありたいか

▶書く・聞くの切り替えができる
▶受け身でなく，自分から聞きにいこうとする積極的な空気
・どんな相手にも自ら話しかけている人に注目し，価値づける

第8節 「成長を実感させたいとき」のお話

POINT

❶ゴールイメージは，具体的にイメージして書けるようにします。
❷書いたものは，目につくところに貼ったり置いたりなどして，毎日目標を意識させます。

（永松　千春）

第8節　「成長を実感させたいとき」のお話

若竹のように伸びよう！〜節になれ〜

>>> 困難を乗り越えることの意味を実感させるための語り

ねらい　大きな行事後の振り返りの場面で，困難を乗り越えたときに自分をさらに成長させるための強さも育っていることに気づけるようにします。

　みなさんは，どんなときに人は成長すると思いますか？　隣の人と話してみましょう。

　体育大会が終わりました。みなさんは，自分の成長を感じますか？　友達の成長はどうだろう？　どんな人が成長したと思うか聞かせてほしいな。
（列指名をし，聞いていく）
「Aさんが1人で最後まで片づけをしていたのを見て，1人でも行動できるところが成長している」
「Bさんは応援練習で最初に比べ，声が少しずつ大きくなっていた。自分の殻を破ったところが成長です」友達のことをよく見てくれてるねえ。拍手！
（本物の竹を見せながら）
　竹にはこのように節があります。木にはないよね。では，節には，どんな良さがあるのでしょう。
（列指名をし，発言を板書する）
　「固い」「強い」「太い」……そうですね。では，この竹を折ってみましょう。

▶教室に持ち込んだ竹を見ながら半数が驚きとともに何が始まるのかと興味をもって前のめりに聞く空気感

・落ち着いた声で発言者一人ひとりの表情を見ながらどんな意見も共感的に聞いていく

・大げさに竹を折ろうとしてみせる

▶どうなるのかと興味をもつ

・どの意見も受け止め書いていく

（実際に力を入れて折ろうと試みる）

　折れませんね。じゃ，先端を曲げてみましょう。見てください。こんなに下まで曲がりますよ。

「おお〜，すげ〜！」「強いなあ〜！」

　竹は，節があることでとても強くなります。一方で，強風に吹かれてもしなやかで折れません。強いのにしなやか。それは，この節があるおかげです。中学生のみなさんはどうですか？　節ありますか？

（お互い聞き合っている）

　竹は１日でどのぐらい伸びると思いますか？　あててみましょう。

　答えは１mなんです。すごいですよね。あなたたち中学生は今まさにぐんぐんまっすぐ伸びる若竹です。竹の節は困難があればあるほど強くなります。どんな強風でも簡単には折れません。この節があるだけ強くしっかりと成長していきます。

　みなさんは，今回の体育大会できついことや辛いこともあったと思いますが，その分，強い強い節をつくることができています！　そうです，強くしなやかな竹へと成長しているのです！　これからまだまだ伸びていきますよ。いろんな経験を乗り越えてさらに強い節をつくっていきましょう。

▶ 曲げたときに感嘆の反応や関心ある声が素直に出てくる空気

・ゆっくりと実物を示しながら語る

▶ 聞き合いながら，「ここに節あるよ」と体を指したりして笑顔で反応し合う

▶ 手で長さのジェスチャーをするなどして真剣に考える姿

▶ 先ほどまでの雰囲気とは逆の，集中して落ち着いて聞く空気

・確信をもったように強くゆっくり語る

第8節「成長を実感させたいとき」のお話

POINT
❶実際の竹を使って，折ろうとしたり曲げてみたりすることで「強くしなやか」であることを強調します。
❷驚きを感じられるようなクイズを織り交ぜ興味をもてるようにします。

（永松　千春）

第8節 「成長を実感させたいとき」のお話

一日生きることは

>>> 一日でも成長している自分に気づかせるための語り

帰りの会での振り返り場面。特に「何もありません」や「ふつう」と答える生徒がいたときに，対話と語りによってどんなときにも人は成長しているのだと気づくことができるようにします。

　（帰りの会で）さっき1班の振り返りで昨日より成長できたことについて「特にありません」と言っていたね。それって本当にそう思いますか？
　（板書する）
　「一日生きることは〇歩進むことでありたい」
　さあ，これって何歩だと思いますか？　隣と聞き合ってみましょう。

　答えは「一歩」です。これは，ノーベル物理学賞をとった湯川秀樹さんの言葉です。研究というのは一朝一夕で結果は出せません。これは研究だけでなくすべてにおいてそうですね。何かを成し遂げるには小さな努力の積み重ねが必要です。一日に十歩，十日で百歩進もうとしてもそれは長続きしないものです。百歩進もうと思えば，まずは一歩進むしかないのです。みなさんの成長もまた同じです。昨日から今日にいたって，必ず成長しているのです。
　（「白い黒板」の写真を指さしながら）

▶意識が散漫になって落ち着かない空気感
・板書後，落ち着いた声で読む
▶8割ぐらいの生徒が板書する様子を静かに目で追っている
・生徒の反応を見ながら答えを出す
▶「あたった！」「え〜っ？」など，全員が関心をもち始める
・ゆっくり丁寧に語りかけるように
・確信するように語

体育大会の「白い黒板」を思い出してください。大きな行事があるときは成長を感じましたよね。ですが，日常となると自分の変化を感じにくくなります。自分では気がつかないだけなんです。一日をよく振り返ってみましょう。何か1つでも小さなチャレンジをしていませんか？　隣と話してみよう。
（列指名発表する）
　「昼休みに友達に数学を教えた」「授業中寝ていて注意されたから，成長じゃなく失敗」
　なるほど，では，失敗ってどうだろう？　失敗は成長になるのかな？　隣に聞いてみましょう。
（列指名発表する）
　「失敗は成功の元。そこから学べば成長」
　そうですね。先ほどの湯川さんも何度も失敗を繰り返しています。失敗を失敗にしてしまうのは，次に向かおうとせずにそのままあきらめてしまうことじゃないでしょうか。失敗とは，「成長の種」「未成功」「失敗したときこそ顔を上げる」です。失敗があるからこそ，次にすべきことが見えてくるし気づけるようになるのです。だから失敗も大事な一歩。
　さあ，もう一度，今日を振り返ってみましょう。

出典：『元気が出る日本人100人のことば』（ポプラ社）

- 尾をゆっくり強く
▶ 全員が写真の方を向いてうなずき，共感的な空気が生まれる
・「小さなチャレンジ」と板書する
▶「朝は〜1限目は〜昼休みは〜」と思い出しながら伝え合うことを楽しむ空気
・失敗のマイナスイメージを払拭する言葉を挙げる「禍転じて福となす」「傷を知恵に変えなさい」
・笑顔で呼びかける
▶ 自然に隣と聞き合う前向きな空気になる

第8節 「成長を実感させたいとき」のお話

POINT
❶「特別なことがなければ成長にはならない」という考えを転換します。
❷失敗も1つの成長という価値観に気づくことができるように促します。

（永松　千春）

第8節 「成長を実感させたいとき」のお話

100の成長

>>> 互いの成長を認め合える心を育てるための語り

学期の終わりに全員でクラスの成長をたくさん板書することにより，自分では気づかなかった互いの成長を実感し，認め合うことができるようにします。

　明日で，1学期が終わるね。あっという間だったけど，このクラスが1学期で成長したことは何だと思いますか？　隣に聞いてみよう。
　例えばAさんは，どう思う？
「ペアトークのとき，体を相手に向けて目で聞き話しやすいクラスになってきたと思う」
　なるほど。聞く姿勢が変わってきたんですね。
　相手を尊重する姿勢。それもまた相手軸ですね。
　みなさんは，このように成長に気づく目が育っています。では，これからクラスが成長したと思うことを3分間でたくさんノートに書いてみよう。スタート!!
　では，黒板にそれを書いてみよう。
　うわ～，Aさんは短距離走のスタートダッシュのようにすぐ飛び出して書き出したねえ。早い！
「失敗を成長の一歩にしていけるようになった」
「教え合いを男女関係なくできた」
　うわ～，すごいなあ，たくさん書いたね。黒板が

▶関わりができており，積極的に聞き合う明るい空気感

・発言者の横に立ってうなずきながら意見を聞く

・「相手軸」と板書

・書けない生徒がいたときは，3個以上など目安を与える

▶「スタート」の"ス"を言ったときには，半数以上が書き始めている

▶先生が言う前に

白いチョークで真っ白！　これぞみんなで書いた「白い黒板」ですね。いくつあるのかな？　数えてごらん。

　そう100個以上あります。ということは100の成長がこの１学期に生まれたということでもあります。一つ一つじっくり見てみましょう。

　書かれたことについてどう思いますか？
（列指名をし，聞いていく）

　「みんなたくさん見つけていてすごい！」「ちょっとしたことでも成長なんだとわかった」「こんなにたくさんクラスが成長していることがわかってすごくうれしい！」「100個以上あると，黒板が白く光り輝いて見える！」「自分たちのクラスを自慢したい」

　そうです。ほんとによく書いていて，私も驚きました。そして，この白い黒板で改めてこのクラスの成長ぶりがわかります。書いている内容からわかるように<u>みなさんは，相手軸をもって自分だけでなく友達やクラスのためになる行動をしています。どんどんプラスの相乗効果を生み出しているよね。そんなクラスになっていることが成長であり，そのことに気づけたことも成長です。</u>素晴らしいですよね。全員で拍手!!

・数え始めている生徒が数人いる，活気づいた空気
・じっくりと黒板を見る時間をもつ
▶教室が静まり全員の目が黒板に，前のめりな姿勢で集中している
・どの意見もあたたかな笑顔で聞く
・たくさん書いたことに感心しながら，思いをこめて熱く語る
・板書の「相手軸」を指す
▶「全員で」の部分で拍手が自然とわき起こるあたたかな空気

POINT
❶白い黒板には，具体的な事実や内面的な考え方などを自由に書かせます。
❷白い黒板完成後，少しの時間眺めさせ，その迫力に浸らせます。

（永松　千春）

「話す力・聞く力を育てたいとき」のお話

「対話力＝聞くこと×話すこと」と定義するならば，対話をするときに大切にしたいことは何でしょうか？

対話は話し手と受け手がいなければ生まれません。話し手と受け手との関係性の中で生まれるのが対話です。そう考えると，対話をする上で，「相手への思いやり」は必要不可欠でしょう。そのような思いやりを日々の学校生活の中で価値づけていくことが「話すこと」「聞くこと」のベースになります。

また，対話は言葉のみで行われるわけではありません。対話が話し手と受け手の関係性の中で生まれるのであれば，表情やうなずきなどの「非言語」を意識することも大切です。非言語も大切にしていくことであたたかい対話が生まれるでしょう。

この節のポイント
①対話を通して生まれた相手への思いやりを価値づける
②表情やうなずきなどの非言語に目を向け，価値づける

対話を通して生まれた相手への思いやりを価値づける

「コミュニケーション力＝（内容＋声＋表情・態度）×相手軸」

これは菊池先生が提唱されるコミュニケーションの公式です。相手軸とは相手の立場に立って考えることです。どんなに素晴らしい内容，声，表情・態度で話したとしても，相手への思いやりが０であれば，コミュニケーション力は０になってしまいます。相手への思いやりがコミュニケーションにおける最も重要な要素なのです。

「話す力」「聞く力」を育てる語りを行うときには，この相手への思いやりが見える生徒の姿を価値づけ，全体に広げることが大切です。そうすることで生徒はより対話を楽しむようになり，「話す力」「聞く力」を伸ばしていくでしょう。

表情やうなずきなどの非言語に目を向け，価値づける

相手への思いやりは，相手を受け入れる受容の表れでもあります。生徒が対話をしているときに，相手の気持ちを受け止めようと，笑顔になったり，リアクションしたりする姿が見られるでしょう。このように非言語を大切にしている姿を逃さずに価値づけます。メラビアンの法則によると，情報の受け手に及ぼす影響は言語情報が７％，聴覚情報が38％，視覚情報が55％と言われています。この法則からもコミュニケーションにおける非言語の大切さがわかるでしょう。教師自身が表情，うなずき，目線，身振り手振りなどの非言語を意識して生徒に語り，そんな教師の姿をモデルとすることで，生徒にも非言語を大切にしたコミュニケーションが浸透していきます。非言語を大切にしたコミュニケーションを通して，生徒同士の対話は活性化し，対話の量，質ともに向上していくことでしょう。教師の語りの場面でも，生徒の非言語を価値づけしていくことで「話す力」「聞く力」の成長につながっていきます。

第9節 「話す力・聞く力を育てたいとき」のお話

聴くは思いやり

>>> 相手を思いやった聴き方について考えさせるための語り

コミュニケーション力を高めたいときに,「きく」レベルについて語ります。聴くことの大切さについて伝え,相手軸をもった聴き方につなげます。

　人とコミュニケーションをするときに大切なことは,何だと思いますか？ 周りの友達と話し合ってみましょう。
（教室を回りながら対話の様子を見守る）

　そうですね。みなさんが考えたように大切なことはたくさんあります。私はその中でも1番大切なことは「きく力」だと思います。では,みなさん,「きく」という漢字をノートに書いてみましょう。

　いろんな漢字がありますよね。実は,「きく力」にはレベルがあります。まずは,「聞く」です（漢字を板書する）。この漢字には「耳」が入っています。しっかりと耳を傾けて聞くことで,相手が何を伝えたいのかを理解できるようになります。
　レベルが上がると,「聴く」ことができるようになります（漢字を板書する）。どう違うのでしょう？ この漢字は,耳＋目・心と書きますね。しっ

・明るいトーンで
▶話し方や聴き方,非言語等に関することを話し合う
▶大半の生徒が「聞く」と「聴く」の2つの漢字を書いている
・板書した文字を指しながら,2つの漢字を比較することで,違いを意識させる
▶多くの生徒が2つの漢字の意味の違いを考えている

かりと耳を傾けるだけでなく，相手の目を見て，相手の思いを想像することで，相手の心を感じることができるようになります。

　自分が大切な話をしているときに，（いいかげんな聴き方の様子を見せながら）このように相手の話の聴き方がいいかげんだったらどうでしょう？　いい気持ちはしませんよね。（小走りでＡさんの近くに行く）Ａさんのような聴き方がいいですね。

（黒板の前にゆっくりと戻って）

　私の好きな言葉に「聴くは思いやり」という言葉があります（言葉を板書する）。

　<u>話し手は，相手が親身になって話を聴いてくれていると受け入れてもらえた感じがして安心します。</u>話して良かったという気持ちにもなりますね。

　<u>聴き手は，相手の思いを感じることができたときに，相手との距離が近くなります。すると，相手に親近感がわき，相手が大切な存在へと変わっていきます。</u>

　「聴くは思いやり」は，みんなをつないでいきますね。ぜひ，そんな聴き方を心がけましょう。

・漢字の耳，目，心の部分を指さしながら

・いいかげんな聴き方の様子を見せる
・話の聴き方が良いＡさんのそばで微笑む
▶教師の動きを目で追い，Ａさんに拍手を送る

・生徒に目線を配りながら

▶聴くは思いやりを意識した，思いやりの見える聴き方をしている生徒が増える

第9節 「話す力・聞く力を育てたいとき」のお話

POINT

❶年度はじめに，「聴く」ことの語りを行い，年間を通して「聴く」ことに対する価値づけをしていくことが大切です。

❷クラスの実態に合わせて，他の「きく」（訊く，効く，利く）を取り上げても良いと思います。

（中野　衣織）

第9節 「話す力・聞く力を育てたいとき」のお話

聞き手がいるからこそ……

>>> 安心感のある対話を生み出すための語り

ねらい：新学期で緊張感もある中，ペア活動を通して，安心して対話ができることを実感させるとともに，「聞き手」の大切さを生徒自身が体感できるようにします。

新しい学級になって，まだ緊張感もありますよね。
（○○さんに近づきながら）○○さん……この学級で，みんなと楽しく授業をしたいですよね？
「はい！」
そうですよね。先生も同じ思いです。

そこで，今からみなさんと，楽しく，白熱した授業をつくっていくための準備をします。
隣の友達と向かい合ってください。笑顔で，「よろしくお願いします！」と言いましょう。
（拍手しながら）さすが○組！　笑顔が素敵であたたかいですね。

では，今から1分間，一方の人から「自分の趣味」について，隣の友達に話してもらいます。しかし，聞いている人は，うなずいたり，反応したりしてはいけません。反応したくても，我慢ですよ。では1人目，スタート！

・○○さんのそばで，少し小さめの声で話す
▶ 意識が教師と○○さんに向く

・明るいトーンで

・生徒に負けないくらいの笑顔で
▶ 照れながらも笑顔な生徒が増え，空気があたたまる

・ゆっくりと
▶ 反応しないことに驚く様子

（1分後，交代の指示を出す）
（〇〇さんに近づきながら）〇〇さん，どうでしたか？
「反応がなくて寂しかったです」
そうですよね，なんだか寂しいし，「伝わっているのかな？」と心配になりますよね。
では，お待たせしました！　次はうなずいたり，反応したりして良いです。始めましょう。

みなさん，どうでしたか？
「反応してくれて安心した」
「嬉しかった！」
とても素敵な感想です。ホッとしましたよね。
<u>「話す」ことができるのは，「聞き手」がいるからこそです。その聞き手が，みなさんのような素敵な反応をすると，話し手も気持ちよく話せます。</u>
<u>「話し上手は聞き上手」ということわざもあります。「聞き上手」がいっぱいの〇組にしていきたいですね。今日のみなさんなら，バッチリです！</u>

- 笑顔で〇〇さんに近づく
- 明るく，テンポよく
- ▶ うなずく，相づちを打つなどのプラスの反応が増える
- 生徒の感想を，うなずきながらしっかりと聞く
- 全員の目を見ながら，笑顔で
- ▶ 笑顔でうなずき，「みんなで成長しよう」という活気があふれる

POINT
❶ 教師が，生徒のプラスの反応をたくさんほめて価値づけることで，よりあたたかい空気感が生まれます。
❷ 「聞き上手」を何名か紹介し，モデルとして価値づけても良いです。この時間だけでなく，他の時間でも継続して「聞き上手」を見つける視点を教師がもっておくことが大切です。

（楠元　喜子）

第9節 「話す力・聞く力を育てたいとき」のお話

場数を踏む

>>> 人前で話すことへの不安を成長につなげるための語り

ねらい　話すことへの不安を感じているときに，場数を踏むことで話す力が身につくことを伝えます。教師の実体験をもとに伝えることで，自分の中の弱い心と向き合って，成長したいという思いがもてるようにします。

人前で話すことが苦手だと思う人はいますか？
わかるなあ。

　私もね，実は昔，今よりもっと苦手でした。教室で発言なんてほとんどしたことがなかったし，いつも授業中に当てられないように願っていたし，中学1年生のときの国語のスピーチで，担任の先生から「もう少しゆっくり話せると良かったですね」なんて言われたこともあります。

　では，なぜ今，こうして人前で話すことができていて，教師という仕事ができているのでしょうか。
　それはね……（「場数を踏んだ」と板書する）。
　場数を踏んだからです。何度も何度も人前に立つという経験をしたからです。そして，それは教師になってからも続いています。教師になって約5年。1年間で約1000時間の授業があると考えると，1000時間×5年です。それだけ授業をして，前に立ってきました。

・感情をこめて共感する
　▶手を挙げた生徒が安心した表情になり，全体の空気感が柔らかくなる
・教師の自己開示
　▶ほとんどの生徒が「え!?」という驚きの表情を見せる
・「それはね」の後，音が消えてから板書する
　▶チョークの音だけが響く

みなさんにもこれからの学校生活でたくさんの「場」がやってくるでしょう（「場」を丸で囲む）。では，具体的にどんな場があると思いますか？隣の人に「どんな場があるかな？」どうぞ。
一つでも思いついた人は，立ちましょう。
<u>今立った人は，その「場」を一つ勝ち取りましたね。話す力をつけるチャンスを自分でつかみ取りにきたんですね。</u>いいなぁ。今立っている人は，思いついたことを黒板に書きましょう。

- 生徒総会
- 授業中の発表（年間約千時間）
- 全校集会
- 自分からする挨拶，雑談，会話
- 放送
- 朝の会，帰りの会
- 専門委員会
- 係活動
- 部活動
- 体育大会

みなさんには，これだけの話す力をつけるチャンスが転がっているということです。<u>今立てなかった人からも，ちゃんと心の声が聞こえてきました。みなさんは，すでにスタートラインに立っています。みんなで場数を踏んでいきましょう。</u>

・体は生徒を向いた状態で，黒板の「場」を丸で囲む
▶活発に考えを出し合い，全体の空気感がプラスに変わる
・「立ちましょう」の前に，十分な間をとる
▶立つことを迷っている生徒もいる
▶半数程度が立つ
▶全員が黒板に書かれた「場」に注目する
▶安心できる空気感に変わる

POINT
❶発表することを躊躇していたり，声が小さくなってしまったりしているタイミングで語ることで，効果が高まります。
❷教師自身の「今よりも話すことが苦手だった過去」をありのままに伝えることで，生徒を励ますことができます。自分なりのエピソードを付け足して語ることをおすすめします。

（前田　凜太郎）

第9節

「話す力・聞く力を育てたいとき」のお話

対話の最大値は5×5

>>> お互いを尊重し合う対話を引き出すための語り

5×5の視点を提示し，その視点で普段の対話を振り返ることで，話し手，聞き手ともに思いやりをもって対話することの大切さを実感できるようにします。

　友達と対話するときに大切なことって何だと思いますか？　隣の人と相談してみましょう。
「聞くこと」「平等に話す」「笑顔」「うなずき」
（対話で出た意見を板書する）
　さすが○年○組。様々な意見が出ましたね。
（「対話の最大値は○×○」と黒板に板書する）
　対話は聞き手と話し手がいて生まれるものです。これは，かけ算で表されます。では，「10」の対話時間を聞き手と話し手の2人で分け合った場合，この対話のパフォーマンスが最大数になるかけ算の組み合わせって何だと思いますか？
「5×5」
　そうです！（黒板の○の中に5を板書する）
（右の図を黒板に提示する）
　対話が最大値になるのは「5×5＝25」。Aさんが一生懸命話してもBさんが全く聞かなければ0になります。AさんがBさんの思いを聞かず，一方的に話しても0です。お互いが半々に聞き合う5×5

▶対話をすることで少しずつ生徒の表情が明るくなる
・生徒の中に入りながらそれぞれの言葉を受け止め広げることであたたかい空気感をつくる
▶かけ算をしながら5×5のときに最大値になることに気づく

対話力＝聞く×話す		
0	=	0×10
9	=	1×9
16	=	2×8
25	=	5×5

の関係が理想なのですね。

　では，いつもの友達との対話は何×何くらいでしょう？　お隣さんと振り返ってみましょう。
「3×7くらいかな」
「私，話しすぎだったかも…」
（モデルとなるペアに近づく）
　このペアのようにお互いに聞き合えば5×5になるんですよね。こちらのペアは笑顔やうなずいて聞き合う姿もありました。これって全部思いやりですよね。
　互いのことを思いやる心があるから5×5の対話になります。相手の話を笑顔で受け止めたり，うなずきながら受け入れたりすることができるから5×5の対話になるのですね。
「聞くことは，心と心をつなぐ最初のステップである」という格言もあります。
　思いやりをもって意見を聞き合うことが豊かな対話があふれるクラスにつながります。相手を思いやる対話があふれること，楽しみにしていますよ。

▶ 新しい学びに納得しながらうなずいて聞いている
・生徒の中に入り，リアクションしながら受け止めることで対話しやすい空気をつくる
・聞き合うモデルとなるような生徒を取り上げ称賛する
▶ 板書を見ながら，大半の生徒が自分の対話を振り返っている
・教師の希望を語り，前向きな空気感で語りを締めくくる

POINT
❶ 語りの中で，対話場面を仕組み，聞き合っている生徒の姿を全体に紹介することで，聞き合うというイメージが明確になります。
❷ 年間を通して「対話の最大値は5×5」という視点で対話を振り返ることで，相手を意識した対話力が育っていきます。

（中野　秀敏）

「読む力・書く力を育てたいとき」のお話

　教室の学びの根底には「言葉」があります。「言葉」で考え，「言葉」で学び合い，「言葉」で友達とつながり，「言葉」で成長し合うのが学級です。言葉の大切さを教師から一方的に押し付けるのではなく，生徒とともに考え，思いを伝え合うことで学級を成長させる言葉が広がっていくでしょう。

　本節のテーマである「読む」「書く」はすべて言葉を軸として行う活動です。言葉を大切にする空気を教室につくりながら，本節の語りを行うことが大切です。

　具体的な生徒の事実を取り上げ，価値づけながら，言葉の大切さを語ります。さらに「何のために読むのか，書くのか」という目的意識を伝え，ゴールイメージを共有することで生徒は，読むこと，書くことに向き合うようになるでしょう。

この節のポイント
① 「自分やクラスを成長させるために読む」という目的を共有する
② 「自分やクラスと向き合うために書く」という目的を共有する

「自分やクラスを成長させるために読む」という目的を共有する

　「言葉が変われば，教室は変わる」という菊池先生の言葉があります。言葉はそのクラスの在り方や空気をつくるのです。年間を通して成長していくクラスを生徒とともにつくるためには，生徒が自分を成長させる言葉と出合い，自分の中にそんな言葉を植林していくことが大切です。そのために，文章や本，自分や友達の思いを書き綴った成長ノート，5分の1黒板に書かれた価値語を読むのです。語りを通して，「自分やクラスを成長させるために読む」という目的を生徒と共有していきます。様々な言葉と出合うことで，生徒の使う言葉は必ず変わっていきます。自分自身やクラスを成長させるために読む姿，そして使う言葉の変化を見取り，認め，価値づけ続けることで読む力は伸びていくでしょう。

「自分やクラスと向き合うために書く」という目的を共有する

　「書くことは考えること」という価値語があります。生徒は書くことを通して，自分と向き合い，自分やクラスの在り方について考えていきます。それは出席者から参加者になるということです。そして，書くことは学びを自分事として捉えることにもつながります。

　しかし，生徒は始めからすらすらと文章を書けるわけではありません。自分やクラスのことについて書く時間を設定し，生徒の書いた文章と向き合いながら認め，励まし続けていくことが必要です。そして，生徒の内面の変化を価値づけていくのです。一つの事実を点として捉えるのではなく，線として捉えることで成長を実感させるのです。書いたことで表出された個の思いを全体に広げることで，クラス全体の成長へとつなげていきます。そんな語りを行うことで，生徒は書くことによって変わる自分の心に気づき，書くことに対し，真剣に向き合っていくようになるでしょう。

第10節 「読む力・書く力を育てたいとき」のお話

読書で言葉と出合う

>>> 読書の意義をみんなで考えさせるための語り

ねらい　読書に親しんでほしいときに，読書を通して言葉と出合うことが自分の成長につながることを，生徒とのやり取りを通して気づかせます。

みなさんが最近読んだ本は何ですか？
（詩集を手に生徒の間を歩きながら）
　私が読んだ本は，相田みつをさんの詩集です。読んでいると，「がんばろう！」と元気や勇気が湧いてきます。読んでみたい人は言ってくださいね。
　ところでみなさんは，読書は好きですか？　よく「読書をしよう！」と言われませんでしたか？

　うん，うん。そうですよね。たくさん言われましたよね。私も幼い頃に何度も言われました。
　実は，私は子どもの頃，読書が苦手でした。本を読んでいて内容がわからなくなると，同じ文章を繰り返し読み，そうなるとよく眠くなっていました。

　でも，きっと良さがあるから「読書をしよう」と言われるのでしょうね。（前列の生徒と目を合わせて）では一体，読書の良さとは何なのでしょうか？
　たくさんあると思いますが，私は「言葉と出合え

▶本の名前を口にする生徒と読んでないと反応する生徒がいる
・本を見せながら
▶聞き飽きたような反応をする
・生徒のリアクションを共感的に受け止める
・笑いながら，自己開示をする
▶共感できるとうなずく生徒もいる
▶考えたり，つぶやいたりする生

る」ことだと思います。

　アメリカの元大統領のセオドア・ルーズベルトさんの名言に「私は，自分がこれまで読んだあらゆるものの一部である」というものがあります。
　どういう意味だと思いますか？　周りの友達と話し合ってみましょう。
　（対話の様子を見守りながら，生徒の言葉を共感的に受け止める）

　<u>読書は私自身をつくっていく。つまり，読書をすることで，自分を成長させる言葉と出合い，その言葉が自分をつくっていくんですね。</u>

　<u>学校の授業で学ぶことは限られています。読書を通して言葉が増え，そして良い言葉に触れると，それが自分の成長へとつながります。</u>

　みなさん，さっきよりも読書をしてみたくなりましたよね。それでは，本を開いて読みましょう。

徒
・ゆっくりと強調して話す
・偉人の言葉の意味を問うことで，生徒に読書の意義を考えさせる
▶悩みながらも，自分たちの言葉で表現する
▶確かにそうだなと思いながら話を聞く

▶読書の価値に納得し，うなずきながら聞く

・とびきりの笑顔で

POINT
❶教師が自己開示することで，教師の語りに共感できるようにします。
❷語りの後に，読書に取り組むようになった生徒を価値づけることで，成長へ向かう空気感をつくります。

（中野　衣織）

第10節　「読む力・書く力を育てたいとき」のお話

批判的に読む

>>> 批判的に読むことの大切さを伝えるための語り

文章と真剣に向き合ってほしいときに語ります。事例を紹介しながら批判的に読むことの価値やポイントを語ることで，文章と向き合い，自立した読み手へと成長していきたいという思いがもてるようにします。

ネットに次のような記事が載っていました。

> １週間以内に南海トラフ地震が起きます。食料品の備蓄を急いでください。

みなさんはこの記事を見てどう思いましたか？
「本当にそうなのかな？」「嘘っぽい」

今，この辺りから，「本当にそうなのかな？」「嘘っぽい」という声が聞こえてきました。鋭いですね！

（5分の1黒板に「批判的に読む」と書く）

今のように「本当にそうか？」と考えながら読むことを「批判的に読む」といいます。情報をそのまま鵜呑みにするのではなく，本当に正しい情報なのかを自分の頭でしっかり考えることが大切です。

例えば，何も考えずこの記事をそのまま鵜呑みにしてしまったとします。このように南海トラフ地震がくると断定したら，その地域にどのような混乱が起こると思いますか？　隣の人と話し合いましょう。

- 電子黒板の横に立つ
  ▶ 全員が電子黒板に注目し，聴こうとする空気感になる
  ▶ 電子黒板と対話相手を交互に見ながら，活発な対話が生まれる
- 親指以外の4本を使い，「この辺り」に向かって弧を描きながら
  ▶ 全員が「この辺り」に注目する
  ▶ 全員が真剣な表情で考えている

「いらぬ心配や不安が高まる」「いたずらに混乱を招く」「もし起きなかったら『嘘』になる」

そうですよね。確かな事実に基づいた正確な情報とは言えませんよね。では,「食料品の備蓄を急いでください」の部分はどうでしょうか?

「お店に人が殺到して,食料品を買い占めた映像を見たことがあります」

そうですね。今のように,本当にそうか?と疑った上で,自分でしっかり考えたり調べたりする必要がありますね。もちろん正しい情報だったとわかることもあります。

(①〜⑤を電子黒板に映しながら)①だれが?②いつ?③何のために?④根拠は?⑤自分だったら?このような視点で文章と向き合うことが大切です。多くの情報であふれ,予測困難な時代を生きていくみなさんだからこそ,中学生の間に,批判的に読むという経験を積み,(5分の1黒板に「自立した読み手」と書く)自立した読み手へと成長してほしいと思っています。

▶ 考えることを楽しもうとする空気感に変わり始める
・電子黒板の文字を指さしながら
▶ 半数が悩む
▶ 友達の発言に共感する声がちらほら聞こえる
・「批判的に読むポイント①〜⑤」の掲示物をその場で作成する
▶ 教師の手元に注目し,前のめりになっている
▶ 成長したいという空気感に変わる

第10節 「読む力・書く力を育てたいとき」のお話

POINT

❶ 事例の難易度を上げながら,批判的に読む時間を繰り返し設定したり,批判的に読むことの価値を繰り返し伝えたりしていくことで,より自立した読み手へと育っていきます。また,批判的に読む際の5つのポイントを掲示物にして示すことで,継続的に指導することができるでしょう。

❷ 問いかけ,やりとりをもとに思考を促しながら語ることで,身の回りの情報に振り回されることなくより批判的に読む力を育てます。

(前田 凜太郎)

第10節 「読む力・書く力を育てたいとき」のお話

書くことは考えること

>>> 書くことが自分やクラスの成長につながることを感じさせるための語り

行事の振り返りの場面などで、生徒の姿を取り上げながら書くことの意義を伝えます。書くことを通して、自分やクラスが成長することを実感できるようにします。

（体育大会の振り返りを成長ノートに書く場面）
（たくさんノートに書いた生徒に近づき握手）
　先生は今、Ａさんと握手をしましたよね。なぜだと思いますか？
（「量にこだわる」と黒板に板書する）
　私たち〇年〇組は何かを書くとき、この言葉を合言葉に書いてきましたよね。Ａさんは量にこだわって書いています。さすがです。
　では、どうして「量にこだわる」が大切なのでしょう。自由起立発表でどうぞ。
　「たくさん考えているから」「一生懸命だから」

　そうですよね。だから「量にこだわる」が大切なのですよね。「量にこだわる」ということは、自分やクラスのことについて真剣に考えるということです。こんなＡさんは量を書くことで考えの質も上がっていくでしょうね。
（Ｂさんに静かに近づく）

▶ノートに振り返りを書くときの静寂な空気感

・板書の音のみが教室に響く

▶大半の生徒は板書に注目している

▶次々に発表する

・量にこだわる意義を問い、発言させることで思考を促す

・板書の文字を指しながら、力強く

同じように素敵だったのはBさんです。Bさんの振り返りは3行でした。量にこだわると言った先生がなぜBさんを素敵だと思ったかわかりますか？

<mark>Bさんは一言も話さずに書いては消し，書いては消しを繰り返していました。そして，ノートには「みんな」という言葉が書いてあります。こうやって自分やクラスと真剣に向き合い，書き綴った思いがこの3行に表れています。ただの3行ではないのです。</mark>

量にこだわって考え抜いて書いたAさん。
書くことに向き合って3行を生み出したBさん。
この2人に共通していることは何でしょう？
「自分やクラスについて真剣に考えている」
「書くことに向き合っている」
そうです！　この2人の姿がこの姿ですよね。
(「書くことは考えること」と板書)
<mark>こうやって自分の思いを書くことで，クラスのことを自分事にして，みんなで考えて，みんなで成長していくのですよね。</mark>

これからもみんなで成長していきましょう！

▶ 意表をつかれた全体の様子
▶ 驚くBさん
・思考の間をとる
・「みんな」を強調して語る
▶ Bさんの振り返りの価値に気づき，納得した表情で話を聞く
・2人の共通点について問うことで書くことの価値を深める
▶ 教師と正対し，言葉を受け止めている
・前向きな言葉で締めくくり，成長への空気感をつくる

POINT

❶書いた量だけでなく，書くことに対する向き合い方を価値づけることが書くことに対する安心感を生み出します。

❷書くことに対する小さな成長を認めることで，書く意欲が少しずつ育っていきます。

(中野　秀敏)

第10節 「読む力・書く力を育てたいとき」のお話

書くことで決まる覚悟

>>> 書くことで，学級の成長を加速させるための語り

「書くこと」が，単なる作業になってしまうことがあるかもしれません。そんなときに，「書くことで覚悟が決まる」という事実を示し，書くことが成長につながることを実感させます。

　昨日，みなさんに「体育大会でがんばりたいこと」を，成長ノートに書いてもらいました。先生は読みながら，すごく熱い気持ちになり，「こんなに思いをもって体育大会に臨もうとするみんなと出会えて，幸せだな」と心から思いました。

　そんなみなさんに，プレゼントしたい話があります。この人，知っていますか？
（池江璃花子選手の写真を見せる）
　水泳の池江璃花子選手です。池江選手は，高校時代の日本選手権で，エントリーした5種目すべて優勝するほど，とても実力のある選手です。
　東京オリンピックでも，もちろん大いに期待されていました。
（間を空けて）
　しかし，白血病になり，闘病することになりました。
　みなさんが池江選手の立場だったら，どう思いま

- 熱いまなざしで，力強く
▶ 真剣に教師の話を聞き，プラスの空気感になる

- 優しい声で
▶「知っている！」など声を上げ，前のめりで写真を見る

- 静かなトーンで
▶ 緊張感が漂う空気にガラッと変わる

すか？　隣の人と伝え合いましょう。
　感想を言える人，立ちましょう。
　（自由起立で発表させる）
　「オリンピックに出られなくて辛い」
　「なんで私が」
　「もうだめかもしれない」
　たしかに，そう思いますよね。

　池江選手は，こんなことを書きました。
　「もう一度，プールに戻りたい」
　（間を空けて）なんと，この後池江選手は復帰し，パリオリンピックにも出場したのです。
　先生は，池江選手の言葉から「覚悟」を感じました。この「覚悟」とは，自分で決めたことを，強い意志をもって最後までやり通すことだと思っています。
　みなさんの成長ノートに書いたことも，「体育大会への覚悟」だと思うのです。書いただけで終わらせず，行動で示してくださいね。みんなで最高の体育大会にしていきましょう！

・自由起立で発表させる
・生徒の言葉を，うなずきながら受け止める
　▶共感する生徒が増え，一体感のある空気になる
・笑顔で，力強く

・教師の言葉にも「覚悟」をもって
　▶「みんなで成長したい」という前向きな表情が広がる

第10節「読む力・書く力を育てたいとき」のお話

POINT
❶辛い壁にぶつかっても，自分の強い覚悟で前を向いた池江選手の事実を示すことで，生徒にも感化の輪を広げていきます。
❷「書くことで成長する」という心を教師自身がもち続け，日常の授業の中でも生徒を価値づけていくことが大切です。

（楠元　喜子）

「努力の大切さを伝えたいとき」のお話

　みなさんのクラスでは,「努力」の価値について生徒はどのように感じているでしょうか。中学生という多感な時期の生徒は「努力を見せるのが恥ずかしい」と感じている子もいるのではないでしょうか。

　そんな多感な中学生も「もっと成長したい」という思いをだれもが必ずもっています。そのことを前提に「努力しよう」という空気感をつくり，その空気感に巻き込んでいくことが大切です。

　第11節のポイントではそんな空気感づくりに関わることを2つ挙げました。空気感は教師のパーソナリティによっても大きく左右されます。自分のパーソナリティを意識しながら努力に対する前向きな空気感をつくっていきましょう。

この節のポイント
①可視の事実だけでなく，不可視の思いも認める
②個と集団をつなぎながら「努力しよう」という空気感をつくる

可視の事実だけでなく，不可視の思いも認める

　「結果よりも過程をほめる」生徒の努力を認めるときによく使われる言葉です。過程をほめることが継続的な努力につながると言われています。

　それと同じように可視の事実（結果）だけではなく，不可視の思い（過程）も取り上げ，その子らしさとして価値づけていくことが大切です。生徒が努力する裏には，「もっと成長したい」「クラスをより良くしたい」という思いがあります。その不可視の思いを取り上げ，その価値をみんなで考えるのです。生徒の思いを取り上げることは，教師が生徒の内面に迫ることであり，生徒の心の変容へとつながるでしょう。また，自分やクラスのことを成長ノートで振り返るなど，自分の思いを言語化し，自分やクラスと向き合う時間を設定することが，努力の価値について深く考えることにつながります。

個と集団をつなぎながら「努力しよう」という空気感をつくる

　「人前でほめないでほしい」という中学生がいます。そんな思いの背景には人前でほめられ，自分が注目されることへの不安があります。「自分だけが努力していることを，笑われたらどうしよう」と考えるのです。

　そんな不安を払拭するためには個と集団をつなぎながら価値づけを行うことで心理的安全性を高め，クラス全体を「努力しよう」という雰囲気にしていくことが重要です。自分の目標に向かって努力した個人を価値づけ，個の努力が出せる，個の努力を受け止めるクラスの空気感を価値づけていくのです。そうすることでクラス全体に前向きな空気感ができていきます。

　また，個人の努力が全体に広がったときを逃さずに価値づけることも大切です。こういう努力の連鎖が生まれるときは，努力の価値がクラスに浸透するチャンスです。この時期に「努力の大切さ」を伝える語りを入れることで生徒の心に入っていくでしょう。

第11節 「努力の大切さを伝えたいとき」のお話

1.01と0.99の努力の差

>>> 小さな努力を継続していくことの価値を伝えるための語り

ねらい
クラスの中で小さな努力が見られたときに，語りを通してその努力の価値を実感させます。個と集団をつなぐことによってその小さな努力をクラス全体に広げていきます。

（小さな努力をした生徒に近づきながら）
　今日ね，Aさんのテストのやり直しを見て嬉しくなりました。Aさんは間違った漢字を3回書き直していたんです。みなさんはこの小さな努力をどう思いますか？

（黒板に「1.01と0.99の努力の差」と板書する）
（生徒の間に入って定規を提示する）
　ここに定規があります。1.01と0.99は見た目ではほぼ同じですよね。2つの数字の差は0.02です。
　1.01の努力を2日続けても1.01×1.01=1.02。
　0.99の怠けを2日続けても0.99×0.99=0.98。
　2つの数字の差は0.04。定規でも見えない差です。
　では，この差は1年間でどうなるでしょう？

　1.01の365乗は37.78。0.99の365乗は0.03になります。1年間で2つの数字の差は約38。この定規以上の差です。もう一度聞きますね。みんなはこの小さ

- 笑顔で明るく価値づける
▶ 半数の生徒が努力の価値について考え始める
- 教室に板書する音が響く
▶ 大半の生徒が顔を上げ，話に注目し始める
- 板書した文字の下に2日続けたときの値，1年続けたときの値を板書し，可視化する
- 間をとって思考を促す

な努力をどう思いますか？

　小さな努力って大切って思いませんでしたか？実は，Aさんは，昨日紹介したBさんのやり直しを見て，自分も少しだけがんばってみたそうです。そうですね？　Aさん？　はじめにがんばったBさん，Bさんのがんばりを認め一緒に成長しようとするAさん。そしてね，クラスに1.01の努力が生まれる雰囲気をつくっている〇年〇組のみなさん。そんなみなさんがいるからクラスに1.01の努力が広がっていくのですよね。

　<u>イチロー選手は「小さいことを積み重ねることがとんでもないところに行く，ただ1つの道」と言っています。大記録を打ち立てた人も小さな努力を大切にしています。</u>

　（1.01と0.99の努力の差を示しながら）
　みなさんはどっちの数を積み上げていきたいですか？　1.01の努力がクラスにあふれることを楽しみにしています。

出典：『夢をつかむ イチロー262のメッセージ』（ぴあ）

> ▶ 1回目の問いかけよりも真剣に考える生徒が増える
> ・AさんとBさんを交互に見て，全体の注目を2人に集める
> ▶ 全員が認められあたたかい空気感になる
> ・反応によってはイチロー選手の偉業を詳しく紹介する
> ▶ 少しの努力の価値を感じ，成長しようと決意する表情が見られる

第11節「努力の大切さを伝えたいとき」のお話

POINT
❶小さな努力が見られたときにすかさず価値づけます。語りの後に，「1.01と0.99の努力の差」という言葉を自分の努力を振り返る指針として活用することで，自分の努力に目が向くようになるでしょう。
❷個の価値づけだけで終わるのではなく，個と集団をつなぐことでクラス全体に前向きな空気感をつくります。

（中野　秀敏）

第11節　「努力の大切さを伝えたいとき」のお話

努力の先にあるもの

>>> 努力をしてもうまくいかなかったとき，心を前向きにするための語り

ねらい　精いっぱいに努力してテストに臨んだものの，思うような結果が出なかったときに語ります。努力することの意味に迫り，次の成長につなげようとする心を育てます。

今回のテスト結果の満足度は，何パーセントくらいですか？　隣の友達と話してみましょう。

みなさんの様子から，「がんばったはずなのに，点数に結びつかなかったな……」と，悔しい，悲しい……色々な感情が伝わります。
（スライドを提示する）
ある言葉を紹介します。四角に当てはまる言葉を，予想してみてください。

努力して結果が出ると，自信になる。
努力せず結果が出ると，傲りになる。
努力せず結果も出ないと，後悔が残る。
努力して結果が出ないとしても，□が残る。
努力をしてその日を迎えたんだったら，何も残らないことはない。

・声のトーンを少し下げて
▶多くの生徒が悔しそうな表情，焦った表情になる

・生徒の思いに共感する

・ゆっくりと話す
▶顔が下がっていた子も顔が上がる
▶四角に当てはまる言葉を一生懸命に予想する

128

隣の友達に,「四角にどんな言葉が入ると思う?」と笑顔で聞きましょう。
　では,この列の人に予想を聞きます。
(列指名する)
　みなさん,一生懸命に考えて予想しましたね。色々な予想が出るって,やっぱり面白いですね。

　実はこの言葉,お笑いコンビ「南海キャンディーズ」の山里亮太さんのお母さんの言葉なのです。師匠との落語会に不安を抱えた山里さんが,お母さんにメールを送ると,こんな返信が返ってきたそうです。みなさんが気になっている,四角に当てはまる言葉。それは……(間を空けて)「経験」です。

　今回のテストでも,同じことが言えます。<u>あなたが努力したことは,絶対に無駄にならない。必ず経験が残ります。経験そのものが,次へつながる貴重な学びなのです。たくさんの経験にチャレンジして成長し続けましょうね!</u>

出典:J-CAST ニュース
(https://www.j-cast.com/2018/05/14328606.html?p=all)

- 安心感を与えるような笑顔で
  ▶「たしかに!」等の互いの意見を認め合う姿が見られる

- 穏やかに
  ▶ じっと教師の目を見て話を聞き,落ち着いた空気に変わる

- ゆっくりと

- 真剣に,力強く語る
  ▶ 前向きな表情になり,プラスの空気感に変わる

POINT

❶ 生徒の表情や,生徒から出る言葉を読み取り,共感していくことが大切です。教師の一方的な語りでは,生徒の心に響きません。
❷ テストの結果から,「努力しても無駄だ……」と思う生徒もいるかもしれません。「うまくいかないことも成長への第一歩」という価値づけを,日頃から行っていくことが大切です。

(楠元　喜子)

第11節 「努力の大切さを伝えたいとき」のお話

努力の輪は広がる

>>> 努力は広がり自分だけでなく誰かの力にもなることを伝えるための語り

ねらい　一人の努力が周りに広がっている場面を取り上げます。努力することが周りの人の努力につながったり，誰かに勇気を与えたりすることを実感できるようにし，努力をしてみようという思いがもてるようにします。

（サッカー部が自主練習をしている写真を見せる）

サッカー部のみなさんは最近よく自主練習に取り組んでいるそうですね。知っていた人？　ひたむきに努力できる姿が素晴らしいですよね。がんばっているサッカー部の友達に拍手！

実ははじめ，自主練習をしていたのは一人だったそうです。つまり，自主練習をはじめた人がいるということです。隣の人に「知ってる？」と聞いてみましょう。……そうです。実は，Aさんなんです。

<u>そんなAさんの努力を見て，感化された人たちが15人もいるということです。このように，努力の輪は広がっていくんです。</u>

Aさんの努力が周りに広がっていく姿を見て，「サガン鳥栖」というプロサッカークラブのことが思い浮かんできました。サガン鳥栖を知っている人？　いますね。先生が大好きなサッカークラブです。

そんなサガン鳥栖ですが，昔，事情があって，クラブを存続することが難しくなったことがあったそ

・写真を両手にもって見せながら，机間を歩く
▶ 全員が前のめりになり，サッカー部のがんばっている姿を想像している

・Aさんの目を見ながら
▶ Aさんにあたたかな視線が集まる
▶ サッカー好きの生徒の目が輝き，その姿を見た周りの生徒の表情も明るくなる

130

うです。クラブを解散しなければならないという状況に直面した鳥栖サポーターは，署名活動を始めます。サポーターが声をかけ合って署名活動をすることもある意味努力ですよね。なんとかチームを残したいという一心で，昼夜問わず，署名活動を続けたそうです。昼も夜もずっとですよ。みなさんはそんな姿を見たら，どう思いますか？

「私も一緒にがんばろうと思います」

　そうですよね。Bさんが言うように，がんばっている人を見たら応援したくなるし，自分もがんばろうと思いますよね？　実際，鳥栖サポーターのがんばる姿を見ていた，他のクラブのサポーターが，署名活動に協力してくれるようになったそうです。その輪はどんどん広がり，2か月間で約5万5千もの署名が全国各地から集まりました。そのおかげで，サガン鳥栖は存続し，今も多くの大人，そして子どもたちに勇気を与え続けてくれています。

　<u>一人の，一クラブの努力で，Aさんのように誰かの努力するきっかけをつくったり，鳥栖サポーターのように誰かに勇気を与えたりすることもあるのです。みなさんはどんな努力の輪を広げたいですか？</u>

参考：『やべっちFC』(2015年9月28日放送)

- しんみりと
  ▶ 全員の表情が少し引き締まり，静かに聴く空気感に変わる

- Bさんと目を合わせ共感していることを表情で伝える
- 周りの生徒にも問いかける
  ▶ 全員がうなずき，熱い空気感が生まれる
- 成長ノートに書く時間をとっても良い
  ▶ 全員が斜め上を見ながら考えている表情になる

第11節「努力の大切さを伝えたいとき」のお話

POINT
❶ サガン鳥栖という規模の大きい話をすることで，間接的にAさんを価値づけ，Aさんの努力の価値が周りにも伝わるようにします。
❷ 一人の努力が周りに広がっている場面を見つけ，価値づけながら語るようにします。

（前田　凜太郎）

第11節　「努力の大切さを伝えたいとき」のお話

人を見るな　自分を見ろ

>>> 自分自身の努力の価値に目を向けさせるための語り

ねらい　横（周りと自分）の比較ではなく，縦（過去の自分と今の自分）の比較に目を向けさせることで，努力が自分の成長につながっていることを実感させます。

　みなさんは自分と周りを比べて苦しいと思ったことはありますか？　そんな経験がある人は手を挙げましょう。

　そうですよね。だれだってそうやって苦しい思いをしたことが一度はありますよね。

（「　」を見るな「　」を見ろ，と黒板に板書する）
　これは努力に関する言葉です。「　」に入る言葉は何だと思いますか。隣の人と相談した後に教えてくださいね。

「結果と過程」「他人と自分」「過去と未来」
　たくさん考えることができましたね。どの考えも正解です。

（「　」の中に「人」と「自分」を板書する）
　この言葉は私が中学生のときに出合った言葉です。実は私の兄はJリーガーです。世代別の日本代表に選ばれたこともあります。そんな兄と子どものときからずっと比べられてきました。中学校のときに

・静かな声で問う
▶周りの反応を見ながら大半の生徒が手を挙げる

・挙手した生徒を共感的に受け止め，安心できる空気感をつくる
▶様々な意見に触れ，笑顔の生徒が増える

・板書の音のみを響かせる
▶「えー」と驚き，教師に注目する
・弱みをすべてさらけ出すように

132

「兄ちゃんと比べて，弟は普通らしいよ」と話していることを聞いたこともあります。自分だって努力しているのに……と，すごく苦しかったです。

でも，そんなときに私の思いを変えてくれた言葉が担任の先生の言葉です（「人を見るな　自分を見ろ」を指さす）。その先生は，私の努力を見て，声をかけてくれる人でした。私の小さな成長に気づいてくれる人でした。昔と今の自分を比べ，成長を感じられるようになった私は，兄と比較されることを気にしなくなりました。周りではなく，自分に目が向くようになったのです。

<u>周りと比べるとできない自分が苦しくなります。そうではなく，過去の自分と今の自分を比べる。そうすることで自分の成長に気づき，自分の努力の本当の価値がわかるのです。</u>

みなさんの努力が，みなさんの成長につながると信じていますよ。

- 苦しかった気持ちを伝える
  ▶ 教師に正対して聞く生徒が増える
- 教師の体験した思いが伝わるように
- 語りかけるように
- 周りと比べることで苦しんでいる生徒に目を合わせながら
  ▶ 努力について真剣に考えようとする空気感が生まれる
- 生徒を信じる思いが伝わるように，力強く伝える

POINT
❶ 教師の弱みを自己開示し，さらけ出すことで安心して自分を出せる空気をつくります。周りと比較して苦しかった教師の体験談を出すことが語りの臨場感につながります。
❷ テストや入試の前後に語ると効果的です。語りの後に成長ノートで自分と向き合うことも価値の深まりにつながるでしょう。

（中野　秀敏）

「思いやりの大切さを伝えたいとき」のお話

　「何のために教育をしていますか？」と聞かれて，読者のみなさんはどのように答えるでしょうか？　菊池道場では，「人を育てるために教育をする」という理念を大切にしています。

　本節は，まさに「人を育てる」ことに直結する，「思いやり」がテーマです。思いやりは，相手がいるからこそ生まれるものです。つまり，相手との関係性があってこそ，思いやりの心を育むことができるのです。

　相手との関係性を構築していくためには，まず「相手を大切にする」という土台が必要です。その土台をしっかりと積み上げていくためには，以下の「感謝」と「想像力」が大きなカギとなります。

この節のポイント
①教師自身が「感謝」を大切にする
②生徒の想像力を育む

教師自身が「感謝」を大切にする

　生徒に「思いやり」について語る前に，まずは教師である自分自身に立ち返ってみましょう。生徒を「人」として大切にしていますか？　生徒に対して感謝の気持ちを忘れていませんか？　恥ずかしながら私は，自分自身に心の余裕がないときに，つい感情的に指導してしまい，心から反省した日もあります。日々色々なことがありながらも，私たち教師が成長していけるのは，生徒のおかげです。まずは，自分自身が生徒に対する「感謝」を忘れずに関わっていくことが大切です。

　「ヒドゥンカリキュラム」という言葉もありますが，日々生徒は，教師の些細な言葉，行動，表情などを敏感に察知しています。日ごろから相手への感謝を大切にしていない教師の語りは，生徒の心に響きません。まずは，自分自身を見つめ直すことから，始めていきたいですね。

生徒の想像力を育む

　私たち人間は，一人では生きていけません。「人は，人の中で本当の人になる」という言葉もあります。人との関係性の中で，自分自身を高め，成長することができます。関係性を豊かなものにしていくためには，想像力を育むことが鍵になります。

　相手の行動には，必ず意味や思いがあります。例えば，「プリントを後ろの人に渡す」という一見何気ない行動に見えても，相手の目を見て渡していたり，受け取るときに「ありがとう」と言ったりしていることがあります。その行動の裏には，「相手への思いやり」や「優しさ」といった思いがありますよね。そういった「不可視」を想像することが，思いやりの心を育む第一歩となります。教師自身が「不可視」に目を向ける努力をするとともに，「不可視」を想像して行動することができている姿を価値づけることで，感化の輪を広げ，思いやりの心が学級に浸透していくでしょう。

第12節 「思いやりの大切さを伝えたいとき」のお話

想像力は思いやり

>>> 相手の立場を考える心を育むための語り

相手の立場を考えてどんな友達にも思いやりをもってあたたかく接してほしいときに語ります。詩「積もった雪」にこめられた思いを考えさせることで，想像することが思いやりにつながることに気づかせます。

みなさん，最近どんな本を読みましたか？
（生徒のそばに行き，尋ねる）

私はね，金子みすゞさんの詩集を読みました。その中で心に残った詩があったので紹介します。「積もった雪」という詩です。知っている人はいますか？

> 上の雪　さむかろな。つめたい月がさしていて。
> 下の雪　重かろな。何百人ものせていて。
> 中の雪　さみしかろな。（空も地面もみえないで。）

みなさんに質問です。（　）にはどんな理由が入ると思いますか？　周りの友達と話してみましょう。
（教室を回りながら，生徒の対話を聞く）

（黒板前に立つ）自分の考えでも納得した友達の考えでもいいので，話してください（列指名する）。

「挟まれてだれにも会えなくて」「上も下も見えなくて」「だれからも気づいてもらえなくて」

- 明るいトーンで
- ▶一部の生徒が本の名前を呟く
- 本を見せながら
- 手を挙げるジェスチャーをする
- （　）の中は空欄にして黒板に書く
- チョークの音だけを教室に響かせる
- ▶黒板の文字に注目して読み進める
- ▶中の雪のことを想像しながら考えを伝え合う
- どの言葉も笑顔で受け止める

素敵な考えをありがとう。私はみなさんのたくさんの発言から優しさを感じました。金子みすゞさんが考えた詩はこうです（空欄部分を提示する）。みなさんはこの詩を読んでどう思いましたか？　周りの友達と話してみましょう（生徒の対話を見守る）。

　「雪の思いを考えたことはなかった」「いろんな立場の思いを考える金子みすゞさんはあたたかい」「自分と違う立場に目を向けることが大切」

　そうですね！　<u>金子みすゞさんはあたたかく，想像力が素晴らしいです。私も自分と違う立場のことを想像するところに優しさがあると思います。相手の思いに気づくと相手を思いやることができます。</u>

　（「想像力は思いやり」と板書する）

　みなさんは先ほど，中の雪のことを想像して言葉を考えていましたよね。その優しさが思いやりにつながると思います。

　<u>自分の思いに共感してくれる友達がいると，人は安心し，がんばれます。</u>自分と違う立場のことを想像できる，優しさあふれる人ばかりのこのクラスは，さらに素敵なクラスになっていきそうですね。みなさんならできると信じていますよ。

・（　）の中を静かに黒板に書く
▶ 真剣に考えようとする空気感が生まれる
・生徒の考えに共感しながら聞く
・生徒の言葉を活かしながら
・優しさを強調して，穏やかに話す
▶ 先ほどの対話を思い出し，納得する様子
・生徒の目をしっかりと見て
▶ 語り始めよりも教師と正対し，うなずきながら話を聞く

第12節　「思いやりの大切さを伝えたいとき」のお話

POINT
❶ 動と静のメリハリのついた雰囲気をつくることで，金子みすゞさんの思いについてしっかりと向き合えるようにします。
❷ 「私は○○と思う」という風にIメッセージで伝え，押しつけがましくしないようにします。

（中野　衣織）

第12節 「思いやりの大切さを伝えたいとき」のお話

思いは見えないけれど思いやりは見える

>>> プラスの行動で思いやりを広げるための語り

ねらい 教師から指示を出さずとも，自らプラスの行動をする生徒がいると思います。その生徒の思いやりのある行動を価値づけ，語りで感化していきます。

みなさん，Ａさんの席を見てくれますか？
（Ａさんの席まで歩いて近づく）
　Ａさんは，今日学校をお休みしていますよね。このＡさんの机を見て，気づいたことを隣の友達と伝え合いましょう。
　〜隣の友達と交流する〜
　やめましょう。（Ｂさんに近づきながら）Ｂさんは，どう思いましたか？
「机の上がとてもきれいです」
　そうですよね。すごくきれいな状態ですよね。先生は，この状態であることを心から「素敵だな」って思うんです。なぜだと思いますか？　心の中で考えてみてください。
　（Ｃさんに近づきながら）Ｃさんは，なぜだと思いますか？
「机の上のプリントがしまわれているからです」
　さすがＣさん，いいところに目をつけましたね。プリントが机上に散乱していない。つまり，だれかが

- ゆっくりと，真剣な表情で
- ▶ほとんどの生徒が一斉にＡさんの席を見て，対話しながら考えている
- 考えてほしいＢさんに近寄っていく
- 優しい声で「素敵だな」と言う
- ▶真剣な表情で考え，空気感が引き締まる
- 優しい目でＣさんを見る
- ▶徐々に教室があ

Aさんのプリントをしまってくれたってことなのです。

　では，その「だれか」とはだれなのでしょうか。

　（間を空けて）それは，Dさんでした。Dさんのさらにすごいのは，とても丁寧にプリントを折って，しまっていたところです。

　お！　自然に拍手が生まれる。さすが，あたたかい学級ですね。

　先生はその姿から，（板書しながら）「〈思い〉は見えないけれど〈思いやり〉はだれにでも見える」だなと思いました。

　　　　　　　　　　　（出典：宮澤章二「行為の意味」）

　<u>今，この場にいないAさんのことを大切にしている。そして，Aさんが登校したときに，気持ちが良い状態にしようとしている。まさに，「思い」は目に見えなくても，「思いやり」は目に見えますよね。</u>

　思いやりが広まると，今よりももっと〇組が優しいクラスになりそうですね。成長し続ける〇組に，期待していますよ！

たたかい空気感になってくる
・少し間を空けて
・あたたかい目でDさんを見
▶自然と拍手が生まれ，Dさんは照れながらも笑顔になる
・Dさんの思いに寄り添いながら，力強く話す
▶全員が目を見開いて聞いている
・「みんなならできる」という期待をこめて
▶優しい笑顔が広がる

第12節　「思いやりの大切さを伝えたいとき」のお話

POINT

❶陰ながら，学級を支えている生徒がいると思います。その生徒のプラスの行動を見逃さないことで，「先生は見ているよ」というメッセージを伝えることができます。

❷ただ行動だけをほめるのでなく，その行動の裏にある「思い」を想像し，価値づけることが大切です。

（楠元　喜子）

第12節 「思いやりの大切さを伝えたいとき」のお話

ありがとうの意味

>>> 感謝の思いがあふれるクラスにするための語り

「ありがとう」の語源を伝え，言われたときの嬉しさを体感させることで，「ありがとう」の大切さに気づかせ，感謝の思いがあふれるクラスをつくります。

（Ａさんに握手を求めながら）Ａさん～してくれてありがとう。クラスのために行動できる人は素敵ですよね。大きな拍手を送りましょう。

（Ａさんの横に立ち）ところでＡさん，今「ありがとう」と言われてどんな気持ちになりましたか？

そうですよね。「ありがとう」と言われて嫌な気持ちになる人はいないですよね。（前に移動をしながら）「ありがとう」は人からの気遣いに対する感謝の言葉なので，言われた人も，言った人も，そしてそれを聞いた人も幸せな気持ちになります。

（黒板の前に立つ）ところでみなさんは「ありがとう」の語源を知っていますか？

「有難し」です（板書をする）。「有ることが難しい」ということで，滅多にないことや貴重であるこ

- 笑顔で感謝の気持ちを伝える
- ▶ 拍手がクラスに広がる
- ▶ はにかみながらも嬉しい気持ちを伝えるＡさん
- ▶ 教師の移動に合わせて生徒の目線が動く
- 幸せな気持ちが伝わるようなあたたかい表情で
- ▶ ほとんどの生徒が首をかしげたり，わからない表情をしたりしている

とを意味します。人から何かをして貰うことは滅多になく，ありがたいことから「有難し」それが崩れて「有難う」となったそうです。

　最近，自分の周りの人に「ありがとう」を言った人や，自分の周りの人から「ありがとう」を言われた人は手を挙げてください（手を挙げるジェスチャーをする）。

　たくさんいますね。<u>私たちは一人では生きていけません。互いに思いやり，多くの人と支え合うことで生きていけます。その支えは実は当たり前のことではないのです。特別な支えだけでなく何気ないことや些細なことにも気づける人になりたいですね。</u>

　「ありがとう」と言わないと思いは伝わりません。照れくさいかもしれませんが，ペアの友達に「〇〇さん，〜してくれてありがとう！」と伝え合いましょう（クラス全体を見守る）。

　言われた人も言った人も素敵な笑顔でしたよ。言って良かったと幸せな気持ちになりませんでしたか？　これからみなさんで「ありがとう」があふれる笑顔いっぱいのクラスにしていきましょうね。

▶ 初めて知る生徒がほとんどで，興味をもって聞いている

▶ ほとんどの生徒が挙手をする

・生徒に目線を配りながら，穏やかな声で

▶ 自分の日頃の様子を振り返りながら話を聞く

▶ 照れながらも笑顔で「ありがとう」を伝え，クラスの雰囲気が柔らかくなる

・みんなならできるという思いが伝わるように

第12節　「思いやりの大切さを伝えたいとき」のお話

POINT

❶周りの支えは当たり前ではないことに気づかせ，「ありがとう」を伝えることの大切さについて考えさせます。

❷日頃の生活の中で，教師自身がだれよりも多く「ありがとう」を伝え，思いやりのあふれる空気をつくっていきます。

（中野　衣織）

第12節 「思いやりの大切さを伝えたいとき」のお話

敵ではなく仲間

>>> 対戦相手へのリスペクトをもてるようにするための語り

クラスマッチなどの試合前に語ります。対戦相手がいることの有難さや相手への思いやりをもつことの大切さに気づくことができるようにします。

　明日は，いよいよクラスマッチですね。
　勝ちたいと強く願っている人？
　本気でやってきたからこそ，勝ちたいと思えるんですよね。みなさんの目からも，その思いが伝わってきます。先生もみなさんの勝利を心から願っています。
　でもね……。
　（黙って「敵ではなく仲間」と板書する）
　これからみなさんが対戦する相手は，決して敵ではなく，高め合う仲間だということを忘れずにいてほしいと思っています。

　対戦相手がいない日々と，対戦相手がいる日々とでは，どちらがより自分の力を伸ばすことができると思いますか？　隣の人に言ってみましょう。そうですね。みなさんは，対戦相手がいたから，そして，その相手に勝ちたいという思いがあったから，ここまで力を伸ばすことができたのだと思います。

・手を挙げながら
▶全員が手を挙げ，熱い空気感になる

・チョークの音だけが響くように
▶全員の視線が黒板に集まる

・「高め合う」の後，少し間をとり，板書した「仲間」の字をコツコツと叩きながら
▶全員が「仲間」の字を見ている

だからこそ，これから対戦する相手への感謝とリスペクトを忘れないでください。競い合える相手がいるから，現在の自分がいるということを忘れないでください。
　そのように，相手のことを思いやる気持ちが，きっと良いパフォーマンスにもつながると，先生は信じています。そんな思いやりのあるみなさんのことを運すらも味方してくれることでしょう。

　では，みなさんはどのようにして対戦相手への感謝とリスペクトを示しますか？
　成長ノートに書きましょう。
　3つ書けた人から黒板に書きましょう。
　「握手をする」「最後は笑顔で終わる」「相手のことも応援する」「拍手をする」「お礼を伝える」

　明日，〇年〇組は，きっとこのような思いやりのある姿であふれていると思います。敵味方の「敵」という捉え方ではなく，「仲間」だということを忘れずにがんばりましょう！　全力で応援しています。

・真剣な表情で
　▶ 教師と同じ真剣な表情になり，ぴりっとした空気感になる
・少し柔らかい表情で
　▶ 教師と同じ柔らかい表情になり，あたたかな空気感に変わる
　▶ 鉛筆とチョークの音だけが響く
　▶ 友達の考えを真剣に見ている
・一人ひとりを見ながら，力強く
　▶ 全員が爽やかな返事をする

第12節　「思いやりの大切さを伝えたいとき」のお話

POINT

❶ 教師が，競い合うことを通して「人を育てる」という意識をもっていることが重要です。勝つことは目標であって目的ではないということを自覚した上で語ります。

❷ 教師が日々思いやりのある姿を見せていることで，生徒の心に響きやすくなります。

（前田　凜太郎）

「命の大切さを伝えたいとき」のお話

　「命の大切さ」について，どのようなときに話すことが多いでしょうか？道徳で命に関する教材があったり，学活で性教育の授業をしたりすることもあるでしょう。そして，理科や保健体育の教科でも命そのものについて学びます。また，学校行事で立志式（学校によって「元服式」や「立春式」とも呼ばれる）や卒業式などの節目，生徒指導でも命に関する事例に出合うことがあります。思春期で，悩みや不安をたくさん抱えて過ごしている生徒の相談にのるときもあるでしょう。

　第13節では，様々な角度から命について伝えます。「命が大切であること」は当たり前すぎて授業以外で生徒たちが考える機会が少ないからこそ，教師の語りが重要です。命があることは，本当に有難いこと。「有る」ことが「難しい」のです。様々な視点で語ることで多感な思春期の中学生だからこそ，命の大切さについて考えることができるようになるでしょう。

この節のポイント
①命の大切さに気づかせ，自分事として考えさせる
②有限の時間の中でこれからの充実した成長に目を向けさせる

命の大切さに気づかせ，自分事として考えさせる

　命の大切さについて，身近な人の死や各地で起こる災害などで身をもって実感したり考えたりすることがあります。しかし，何気なく過ごす毎日では，命について考えたり，有難さを感じたりすることはほとんどありません。

　そこで，年間を通して行う道徳や学活などの命に関する授業で教師の思いを含めながら，様々な角度から語ることが大切です。また，成長ノートで生徒自身の今までを振り返らせたり，これからどのように生きていくのかを考えさせたりすることで，自分事として捉えることができるようになるでしょう。

　さらに，機会を捉えて，振り返ることで，命について深く考えることができるようになるでしょう。

有限の時間の中でこれからの充実した成長に目を向けさせる

　「人は１日に35,000回の決断をしている」とケンブリッジ大学のバーバラ・サハキアン教授は解析しています。自分の言葉や行動に目を向け，どのように身体を動かすかなどの決断まで含めると35,000回に及ぶのです。この決断が，自分の成長にとってプラスの決断を続けるとしたら，例えば，半分以下の10,000回でも，凄い成長になると思いませんか。これを１年間続けたら……生徒の成長は想像以上に大きいものになります。そのことに教師が気づき信じることが，命について語る上でも重要です。

　また，命について考えることは，時間は有限であることを考えることです。１日が24時間ということ，生を受けたらすぐに死というゴールに向かうことなどは人として抗うことのできない事実です。生徒だけでなく教師も充実した日々にするために，プラスの選択・決断をしていきたいものですね。生徒に「時間は有限」であるからこそ，より良い生き方ができるような言葉かけをしていきたいものです。

第13節 「命の大切さを伝えたいとき」のお話

忘れられないように今を生きる

>>> たった一度きりの人生を，より良い人間関係で充実させるための語り

ねらい　永六輔さんの名言の「忘れられたとき」という言葉に着目して語ります。忘れられない存在になるためには，「自分自身」がどのように行動したほうが良いのかを考えさせます。

　（「人間は〇回死にます」と板書する）「人間は〇回死にます」さて，この丸に入る数字は何でしょうか？（丸のところは黒板をノックしたり，間をあけたりして注目させる）回数とその理由を考えましょう。

　実は……永六輔さんが言った正解は2回です。（永六輔さんの写真を見せる）この言葉には，続きがあります（「まず死んだとき。それから忘れられたとき」と続きを書く）（間を取りながら読む）。

　このように，人間が本当に死ぬのは「人に忘れられたとき」だと言われています。だれか記憶にとどめてくれる人がいる限り，たとえ死んでもその人の心の中で生き続けることとなります。できるものならば，だれかの心の中でずっと生き続けたいものですね（「忘れられたとき」の横に「→人から忘れられない人とは？」と板書する）。

　では，忘れられない人ってどのような人なのでし

・トーンを落として
▶「死」という言葉と教師が出す空気感でクラスに緊張感が走る

・永六輔さんは『上を向いて歩こう』を作詞した人だということを伝えても良い

▶半数くらいの生徒がそのような考え方があったのかと驚きの表情を見せている

ょう？　今までの経験だけでなく，本の登場人物や偉人の中から考えてもいいです。どのような人かを思い出しながら，成長ノートにまとめてみましょう。このクラスは○人いて，性格も顔も異なるように，きっと「忘れられない人」も人それぞれなのでしょうね。それでは，この列の人教えてください。

　「優しさ」や「尊敬していた」「真摯に話を聞いてくれた」など，たくさんの意見が出てきました。

　中学校3年間というのは毎年クラス替えがあり，「1年しか一緒じゃない仲間」や，人生のたった「3年間しか一緒じゃない仲間」もいたりします。この短い中学校3年間の中で，たった1人だけでもいいので，その1人から忘れられないような人になってください。それを考えながら行動すれば，一生懸命生きることにつながり，命を大切にすることにもつながります。

　最後に，だれかから忘れられないような人となるために，どのような行動をしていきたいかを成長ノートに書きましょう。また，今回の話を聞いて考えたことや感じたことも書きましょう。

▶様々な視点からどのような人かを思い出している
・列指名ではなく，全員に発表させるのも良い
・色々な意見を受け入れるような，あたたかな空気感で話す
▶全員の目線が教師に集まり，真剣な表情で聞いている
▶だれもしゃべらず，書く音だけが教室中に響き渡っている

POINT

❶忘れられない人となるために行動することは，友達を大切にし，自分自身も大切にすることにもつながることを語るとさらに良いでしょう。

❷中学校時代は，自分自身とは何かと考えるようになります。そのような中で，自分とは何か，自分はどうありたいかを考えて，行動にうつすまでできるような時間をとることが大切です。

（荒木　理那）

第13節　「命の大切さを伝えたいとき」のお話

生きた証

>>> 自分自身のこれまでとこれからを考えさせるための語り

ねらい　アントニオ猪木さんの名言から、よりよく生きるためのキーワードについてや、今まで歩んできたこと・これからの人生を考えることで命の大切さを実感させ、次への活力をもたせる。

　今みなさんがやりたいことは何ですか？　そして、このやりたいことは何があればより楽しくできたり、より充実したりするのでしょうか？
　ちなみに私はバレーボールをやりたいです。そのためには（「元気」と板書する）「元気」が必要だと思います。元気がなくてもできるかもしれませんが、心も体も元気だとより楽しく、より充実すると思います。
　アントニオ猪木さんも「元気があれば、なんでもできる」という言葉を残しています（「元気」の続きを板書する）。
　また、猪木さんは「道」という名言も残しています（電子黒板に「道」を映して、ゆっくり読む）。
　猪木さんは、これらの言葉を通して何を伝えたかったのでしょう？
　「元気で生きることの大切さ」「自分で生き方を選ぶ」「自分の生き方が自分の道になる」
　そうですよね。これらの名言は、猪木さんの生き

- ▶ 大半の生徒がリラックスした状態で聞いている
- ・トーンを少し明るくして、「元気」を態度で伝える
- ▶ 教師の元気につられて、ほとんどの生徒が笑顔になっている
- ・アントニオ猪木さんの写真を出したり、名言について詳しく説明したりすると、さらに理解しやすくなる
- ・猪木さんの生涯について話しても良

方そのものです。そして，<u>みなさんの前には様々な道がありますが，自ら行動し経験することで，その道が自分が生きた証としての道となる</u>というメッセージも込められているのです（「生きた証」と板書する）。

　それでは，みなさんが今までにがんばってきたことを成長ノートに書いてみましょう。それらは自分自身が生きてきた証になるのかもしれませんよ（列指名）。

　「部活のレギュラーを目指してがんばった」「体育大会の応援団をやり遂げた」「学級代表を全力で……」

　今みなさんが挙げたように，元気で取り組み，そしてその都度振り返ってみれば，「生きた証」つまり「道」になるのですね。<u>これは，命を精一杯使ってがんばっているからこそできること</u>なのですね（「命」と板書する）。

　（電子黒板の道を指しながら）「道」にもありますが，たくさんのことに挑戦し，よりたくさんの「生きた証」を刻んでいきましょう。

- 全員を見渡しながら，強調部分は力強く伝える
- 成長ノートに書くことで，自分が生きた証を認識しやすくなる
- ▶生きた証を意識しながら今まで頑張ってきたことを書いている
- トーンを落として
- ▶どんどんやる気の目つきへと変わっている
- 今年度の「今まで生きた証」を白い黒板に表現しても良い

POINT

❶今までどのような人生を歩んできても受け入れるようにします。ネガティブな感情をもっている生徒には，「未来予想ぼめ（「もし…したら？　できるよ！」と前向きに考えることができるようにする）」でアプローチします。

❷これからも「命を精一杯使ってがんばる」ことで，さらなる道ができると，明るい展望をもつことができるように話すことが重要です。

（荒木　理那）

「命の大切さを伝えたいとき」のお話

人生の時間銀行

>>> 命や時間を大切にする心を育むための語り

行事や受験前の時間を大切にしてほしいときに語ります。時間を大切にするのは，命を大切にすることにつながることに気づかせます。

みなさんの様子を見ていると時間の使い方が気になるときがあります。時間を大切にできてますか？

ある銀行があります。その銀行は毎朝あなたの口座に86,400円を振り込んでくれます（「86,400円」と板書する）。そんな銀行があったらどう思いますか？
「嬉しい」「好きな物を買いたい」

実は，私たち一人ひとりも同じような銀行をもっています。それは何だと思いますか？
それは……（「時間」と板書する）「時間」です。毎日24時間，それを秒に換算すると86400秒がみな平等に与えられています。86,400円だったらみんな1円も残らないように大切に使いますよね。同じように86400秒を大切に使えていますか？
今の自分の時間の使い方を隣の人と振り返ってみましょう。

▶時間の使い方を振り返って，表情がくもる
・雰囲気を一変して楽しく想像できるように，明るいトーンで問いかける
▶お金をもらえることを想像して，大半の生徒が喜ぶ
・生徒の理解状況に合わせて，具体的に説明すると良い
▶普段，時間をあまり意識していないことに気づく

「だらだらすることが多かった」「時間を意識して行動できていない」

自分の時間の使い方を見直すことができましたね。

チキンラーメンを作った安藤百福さんは、時間と命についてこのように残しています。

（電子黒板に映して、ゆっくり読む）

> 時は命なり。刻一刻ときざむ時間は確かに大切ではあるが、命がきざまれているのだ、と思っている人は少ない。そこまでの切迫感を持って、私は生きたい。周りの人にも、そうしてほしい。

時間は「どんな人にでも平等に与えられている」から「当たり前」と考えがちです。しかし、私たちは人間ですから寿命があります。だから、時間は無限ではありません。有限なのです。

せっかくみんなに平等に与えられた時間です。みなさんは、自分自身の「命」や「時間」をどのように使っていきたいですか。成長ノートに自分のこれからを考えて書きましょう。

出典：カップヌードルミュージアム

- 自己開示したことも、あたたかく受け入れる
- 生徒の心に残るように、ゆっくりと読む
  ▶「時間に命がきざまれていくこと」や「切迫感を持つ」という考え方に驚く
- 時間は有限であるからこそ大切に生きることが伝わるように力強く話す
  ▶これからの「命」や「時間」の使い方について、ほとんどの生徒が真剣に考える

POINT

❶中学校3年生の夏休み前の受験に向けて勉強をがんばってほしい時期や、中学校1年生のこれからたくさんの行事に向き合っていこうという時期などに語ることをおすすめします。

❷時間は有限であり、今という時間を大切に生きていくことが、命を大切にすることにもつながることを教師自身がだれよりも意識します。

（荒木　理那）

第13節 「命の大切さを伝えたいとき」のお話

しゃぼん玉

>>> 生きていることは当たり前ではないことを伝えるための語り

「しゃぼん玉」というだれもが一度は聞いたことがあるであろう童謡の歌詞に込められた背景を知ったり，名言や教師自身が体験した命の尊さを語ったりすることで，改めて「命の大切さ」について考えさせます。

（野口雨情さんの写真を見せる）この人は誰でしょう？　この方は野口雨情さんという方です。

それでは，これは知っていますか？（『しゃぼん玉』の歌詞を電子黒板に映しながら，曲を聞く）隣の人に「この曲知ってる？」と聞き合いましょう。そうですね。有名な『しゃぼん玉』という曲ですね。

この曲のイメージはどのようなものですか。隣の人と相談しましょう。

では，この列の人立ちましょう。

「楽しい感じ」「ちょっとさびしい感じもする」

この『しゃぼん玉』を作詞したのが，先ほど見せた野口雨情さんです。

この歌詞は，実は「早くに亡くした娘のことをしゃぼん玉に例えて歌っている」と言われています。

「しゃぼん玉消えた。飛ばずに消えた。生まれてすぐに，こわれて消えた」の歌詞から「幼くして亡くなった子ども」について連想することができます。

▶ 大半の生徒が野口さんを見たことがなくざわつく

▶ 知っている曲が流れ空気が和む

▶ 楽しいイメージをもつ生徒が多いが，さみしいイメージをもつ生徒もいる

・トーンを落として
▶ イメージを覆されて驚いている

・この他の部分の歌詞についても解説する

実際，歌がつくられた当時は医療が発達していなかったり，衛生面が整ってなかったりと，抵抗力が低い子どもはすぐに亡くなっていたそうです。雨情さんの長女は生後8日で，四女も満2歳で亡くなっています。

アメリカの精神科医であるヘルマン・ファイフェルは「死が老人だけに訪れると思うのは間違いだ。死は最初からそこにいる」（電子黒板に映す）と残しています。この世に生まれたからこそ，必ず死に直面します。<u>生きている限り，いきなり大きな病気になったり自然災害や交通事故に遭ったりして死に直面するかもしれません。当たり前のように過ごしている毎日はかなりの奇跡なのかもしれません。このように考えると今生きている1日1日，いや1分1秒をもっと大切に過ごしていきたいものですね。</u>

それでは，歌詞の背景などを知った上で，もう一度聞いてみましょう（静かにして聞かせる）。

最後に，今回の話を聞いて考えたことや感じたことを成長ノートに書きましょう。

- 諸説有。いろんなもので調べておきたい
  ▶ 時代背景のことも考えながら，真剣な表情で聞いている
- 名言ではなくポイント❶のような視点で語っても良い
- 訴えかけるように，特に強調部分は強く語る
  ▶ 当たり前ではないことにハッとした表情になり，命の大切さについて真剣に向き合っている

POINT

❶ 東日本大震災や熊本地震など，大きな災害が起こった後の児童生徒の作文や教師自身が体験した災害の恐ろしさを語ることで，より自分事に引きよせて考えることができます。

❷ 生きている限り，いつどのようなことが起こるかわからない不安もあります。その不安に負けず毎日をより充実させて生きていくことの大切さを実感させながら語ります。

（荒木　理那）

「自主性を育てたいとき」のお話

　「自主性」とは，自らが主となり，率先して行動できる力を指します。自主性を育むことで，自ら課題を見つけ，自ら学び，自ら考えることのできる生徒へと成長していきます。生徒自身が，変化の激しいこれからの社会を生きていくことができるように，自主性を育てていきましょう。

　では，「自主性」を育てる上で大切なことは何でしょうか。それは，生徒に「ある程度の自由度」をもたせるということです。ある程度の自由度があることで，生徒は考えて行動するようになります。

　例えば，「ゴミを拾い，机を綺麗に並べておきましょう」という指示を出していたとします。確かに生徒は，その通りに動いているかもしれませんが，そこに「自主性」があるとは言えません。きっと，その指示がなくても，自らゴミを拾ったり机を並べたりしている生徒がいるはずです。生徒のことを信じて，任せる。そして，自主性が発揮された行動を見逃さず，認め，励ますことで，自主性が育っていくでしょう。この「認め，励ます」ための一つの方法として，語りを位置づけています。

この節のポイント
①信じて，任せる
②認め，励ます

信じて，任せる

　私は，生徒が失敗しないようにレールを敷きすぎたり，1から10まで教えようとしたりしてしまっていることがありました。しかし，その考え方や指導では，生徒の「自主性」を育むことはできません。生徒は，私たち大人が思っている以上に，素晴らしい力をもっています。その力を信じることを大切にしましょう。信じてもらえた生徒は，今以上に大きな力を発揮するようになります。ピグマリオン効果とも言われるように，生徒は期待されることで，その期待に沿った成果を出せるようになることがあります。そして，任せる勇気をもちましょう。任せてもらえた生徒は，自ら考えるようになります。やらされ感のある行動ではなく，自らやる行動へと変容していきます。

　日頃から，「信じて，任せる」を大切にすることで，自主性が発揮された行動が増えていきます。そこで，間髪をいれず，語るのです。語りの中でも，生徒のことを信じているという思いを伝えていきましょう。

 認め，励ます

　生徒のことを「信じて，任せる」と「認め，励ます」はセットです。信じて，任せた後は，必ず認め，励まします。認め，励ますとは，生徒のプラス面に目を向けることであり，望ましい方向性を示すことでもあります。そして，どの節に置いても，大切なポイントであると言えるでしょう。それでもあえて，本節の中で「認め，励ます」を挙げました。なぜなら，信じて，任せることで生徒の心に灯った「自主性」という火が，消えることのないように支え続けることが教師の役目だからです。自分一人で自主性を発揮し続けることは難しいこともあるでしょう。しかし，自主性が発揮された行動を認め，励まし続けてくれる教師がいることで，生徒の心に灯った火は，燃え続けることができるのではないでしょうか。語りを通して，認め，励ますことが，生徒の自主性を支え，感化の輪を広げていくことにもつながるでしょう。

第14節

「自主性を育てたいとき」のお話

才能の差・努力の差・継続の差

>>> 継続して自主学習する大切さについて考えさせるための語り

ねらい

定期テストの返却後に語ります。テストの点数に一喜一憂するのでなく、家庭学習の中の「自主学習」の大切さについて考えることができるようにします。

今から、先日行った期末テストを返却します。

テストの点数って気になりますよね。その気持ちは、よくわかります。ところで、どうしてテストってあるのでしょうか？ 隣の友達に聞いてみましょう。話し合った人から黒板に書いてみてください。

「わかっているのかを確認するため」「評価をつけるため」など、色々な意見がありますね。

先生はテストとは試験日までの時間を逆算して、計画を立てる力を磨くためにあると考えています。結果を出すためには、自分で時間をマネージメントする必要があります。そして、何をすればいいかを考えて、得意を伸ばし、苦手を克服していく力を身につけるためにテストはあるのです。

では、みなさんはテストに向けて家庭でどんな学び方をしていますか？

家庭で取り組む学習には、大きく分けて二つの学

▶ テストの点数に一喜一憂する様子が見られる

・「それいいね」「なるほど」など肯定的に捉える

・抑揚をつけながらゆっくりと話す

▶ 結果のみに着目していたことに気づき、改めてテストの意義について考え始める

習があります。「宿題」と「自主学習」ですね。どんな取り組みかをおさえておきましょう。

「宿題」とは、教師が出す毎日の課題で、基礎学力を身につけることを目標としています。

「自主学習」とは、学校での学習をより深めたり広げたりするために、自ら課題を見つけて取り組む学習です。自ら学ぼうとする姿勢、追求する力、思考力、表現力などを養うことを目標としています。

先日テレビを見ていたら、勉強の悩みに答える番組をやっていました。「自主学習って何のためにするのか？」という質問に対してなんと答えていたと思いますか？（黒板に板書する）

「人間の才能の差は小さいが努力の差は大きい。継続の差はもっと大きい。自主的な学習は時間をマネージメントしながら、小さい努力を継続する力を育てます」

自主的な学習は小さい努力を継続する力も育てるのですね。このように自分から学ぶ、行動するということには価値があります。こんな学び方、行動をクラス全体に広げていきたいですね。

これからのみなさんの姿を楽しみにしています。

- 「宿題」「自主学習」と板書し、それぞれを指し示しながら説明する
- 自主学習に取り組んでいるクラスでは、生徒の言葉で定義づけすると良い
- 間を取って、思考を促す
- 差の部分でチョークを止めて、生徒へ「大きい、小さい」と問いながら学びに巻き込む
- ▶継続の大切さを再認識して、次に向けてがんばろうという前向きな気持ちになっていく

POINT

❶ まずは、テストの結果に一喜一憂する姿を否定せず、共感的に受け止めることが大切です。その後、テストの目的と自主学習の価値を語ることで、生徒に語りが届きやすくなります。

（久山　耕平）

第14節 「自主性を育てたいとき」のお話

思いを言葉や行動に

>>> 自主的に動くことが，仲間の力になることを考えさせるための語り

ねらい　生徒の誕生日に進んで動く生徒を取り上げ，自分から自主的に動くことの価値を伝え，自ら仲間の力になろうという気持ちを育てます。

　今日は何の日か知っていますか。実は，Aさんの誕生日です。おめでとう。
　（Aさんの近くにいって拍手をする）
　（ハッピーバースデーの歌を歌う）
　実は，先生がAさんの誕生日を知っているのは，昨日，Bさんが教えてくれたからなんだよね。友達の誕生日を祝おうとするBさんの思いやりが素敵ですよね。拍手。また，先生がAさんの誕生日ですと言ったときに，Cさんがすかさず歌を歌い始めましたね。率先力，素敵ですね。拍手。

　Aさんにインタビューします。Aさん，今のお気持ちはどうですか？（Aさんに笑顔で近づいていく）
　「みんなに祝ってもらって，とても嬉しいです」
　Aさんが嬉しいとこちらも嬉しくなりますね。では，BさんとCさんは，それぞれ先生に言われて動いたのかな，それとも自分から動いたのかな？
　「自分から動いています」

- 「実は」のあと，ためて名前をいう
▶ Aさんは照れるが笑顔になり，教室の空気感が上がる
- 事前に「今月の誕生日はだれかな」とつぶやき，リサーチする
▶ 拍手で笑顔が増える
- 率先して動いた子どもをすかさず価値づけする
- 教師がマイクを持っている風でインタビューをする

そうだね。「先生，明日Ａさんの誕生日をお祝いしましょう」と言ったＢさんは，思いを言葉にしていますね。Ｃさんは思いを行動にしていますね。

（黒板に「思いを言葉に　思いを行動に」と書く）

ユニクロの社長の柳井正さんは，

「どれだけ良いアイディアがあっても，実行しなければ成功も失敗もしない。それは時間の無駄でしかない」

と言っています。これを聞いてどう思いますか？

なるほど，動くことが大切なのですね。では，これからの授業中や休み時間で自分から動けそうなことって，どんなことがありますか？

グループで考えてみましょう。

では，黒板に書いてみましょう。

（それぞれの考えを黒板に板書させる）

どの考えも素晴らしいですね。

考えるだけや思うだけではなく，言葉にしたり，実行したり，自分から動いたりすることが大切なのですね。また，あなたが動くことで，仲間を喜ばせることもできます。

さあ，思いを言葉や行動で伝えていこう！

出典：柳井正『一勝九敗』（新潮社）

- ▶ＢさんやＣさんの方を見ながら空気感が上がる
- ・電子黒板等を用いて提示する
- ▶「先生に質問する」「ひとりぼっちの子に声をかける」等の声があちこちから起きる
- ・「なるほど」「いいね」など肯定的に捉える
- ・「自分から動く」というところを力強く伝える
- ▶進んで行動していこうとする前向きな空気感になる

POINT

❶ 友達の誕生日を祝うという当たり前に見える行為も，しっかりと価値づけることで，自主的に動いた子どもの自己肯定感を高めます。

❷ これからのことを考える場面でも大きく価値づけることで，空気感を上げていくようにします。

（荒木　鉄成）

2章　第14節　「自主性を育てたいとき」のお話

第14節　「自主性を育てたいとき」のお話

挨拶でチャンスをつかもう！

>>> 自分からする挨拶がどんな意味をもつのかを考えさせるための語り

ねらい　言われてからではなく，自ら進んでする挨拶は，人との出会いの機会を広げ，自分の可能性も広げていくことを実感できるようにします。

　今朝，○○先生が校門に立っていたら，Aさんが笑顔で挨拶してくれたって喜んでましたよ。
　（Aさんのところまで行き）
　Aさんは，挨拶をだれかに言われてやっていますか？
　「自分からやってます」
　同じ挨拶でも自分からしてくれる，その気持ちが嬉しいよね。拍手！　Aさんのように自分からするのは，どうして良いのでしょうか。
　「自分からした方が気持ちがいいからです」
　「先にすることで，相手はその人から認められている感じがします」
　なるほど，そうですね。
　Aさんを見てたら先生の中学時代の友人を思い出しました。その人は，年上でも年下でもどんな人にも自分から挨拶をする人でした。まわりからも「挨拶名人」と呼ばれるほどでした。決して勉強は得意ではなかったけれど，彼の口癖は「おれは挨拶だけ

・Aさんの目を見ながら笑顔で
▶Aさんがはにかんで，周りの生徒がAさんの笑顔につられる
▶拍手により教室の空気があたたかくなる
▶問いかけで目線が斜め上を向く
・共感的な態度で聞く
▶先生の友人？と関心をもち，興味を抱く様子
・「おれは～」のところで本人になり

はだれにも負けない」でした。親からも「挨拶をいつも大事にしなさい」と言われていたそうです。気がつけば，その人のまわりにはいつも人が集まっていました。その後，友達は有名な○○会社の営業担当となり，今やだれよりも多くのお客さんに指名される人気者となっています。

　ここで元NHK人気アナウンサーで熊本県立劇場館長や青森県立図書館長も務められた鈴木健二さんの『新・気くばりのすすめ』（講談社）という本の中から言葉を紹介します。

（「挨拶」と大きく板書する）

「挨拶の"挨"という字は，『開く』という意味であり，"拶"は『迫る』という意味だ。つまり挨拶というのは，『心を開いて相手に迫る』ことなのである」

　大事なのは「自分から」であること。自分から挨拶することにより，相手より先に自分から心の扉を開く。そうすることで，相手も心の扉を開くかもしれません。そこからつながり私の友人のように出会いとチャンスを生み出すかもしれないのです。さあ，君たちも今日から「挨拶でチャンスをつかもう」。

- きって言う
- 実例とするためにその人の会社のパンフなどを見せる
  ▶「へ～，そうなんだ」とやや驚き，目を見開く様子
- 『新・気くばりのすすめ』の本と鈴木さんの写真を見せる

挨＝開く
拶＝迫る

- 「心の扉」のところで自らの胸のあたりに掌をあて，扉のように見せる
  ▶「よし，扉を開くぞ」と静かに心を燃やす空気

POINT
❶ふだんから自ら挨拶をする生徒を確認して，取り上げます。
❷教師の知人や友人，かつての教え子で，挨拶により出会いを生み出し，充実した生き方をしている人を具体的な事例としてあげます。

（永松　千春）

第14節　「自主性を育てたいとき」のお話

本当の勝者

>>> 自分たちで動くことの意味を感じさせるための語り

ねらい　部活動で日常的に指導してきたことが，生徒の自主的な行動に変化したタイミングを見逃さず，その行動を価値づけます。そして生徒のさらなる自主性の成長を促します。

（部活終わりに部員全員を集めて）

今日，部室に行って驚いたことがあります。昨日に比べて見違えるほどきれいになっていました。だれかが提案したのでしょうか？

「キャプテンが声をかけました」

さすがＡさん！　そして，それに賛同して行動に移した〇〇部のみなさんもさすがですね！　先生は，部室を見たとき，2018年のサッカーワールドカップを思い出しました。覚えている人いますか？

「めっちゃ惜しかったときですよね」

「ベルギー戦が熱かったです！」

（声をあげた生徒のところに近寄って）

そうなんですよね。さすがＢさんだね！　日本代表は世界ランキング３位のベルギーに惜敗という形で，幕を閉じました。

（少し間をおいて）では，なぜ先生はこの出来事を思い出したか，わかりますか？

「ロッカールームがきれいだった話ですか？」

・穏やかに話す
▶ 笑顔を見せる生徒がいる
▶ 全員が声をそろえて答える
・笑顔で拍手をしながら伝える
▶ 覚えている生徒から声があがり，覚えていない生徒は首をかしげる
▶ 半数は考える表情，半数は何かに気づいたような表情になる
▶ ２，３人答える

その通りです。日本代表が，試合会場のロッカールームを去ったあと，清掃に入った清掃員が目にしたのは，使用前のようにピカピカのロッカールームでした（ロッカールームの写真を見せる）。

　このときの記事を読んでいくと，絶賛の声の中に，こんな言葉がありました。

　（「本当の□□」と書かれたカードを見せながら）

　「我々は本当の□□を発見した」と。ここに入るのはどんな言葉でしょうか？

　「選手！」「紳士！」「スポーツマン！」…

　なるほど，どれもいいですね！　実は…。

　（「勝者」という言葉を書いて）

　「本当の勝者」です。この言葉にこめられた意味がわかりますか？（間をおく）

　自分が考える「本当の勝者」の意味を今日の成長ノートに書いてきてください。

　<u>みなさんは今日，サッカーワールドカップの日本代表と同じように勝ち負け以上の大切なことに気づいて，自分たちで行動することができました。今度の大会，試合も行動も「本当の勝者」を目指してがんばりましょう！　期待しています。</u>

▶ ほとんどの生徒が「おぉ！」という感嘆の声をあげる
・落ち着いた声で
▶ それぞれ顔を見合わせたり，首を傾けたりしている
▶ 思いついたことを口々に言う
▶ 全員が納得の表情を見せる
▶ 全員が考えるような表情になる
・期待をこめて明るく力強く語る
▶ 全員が真剣な表情で力強く「はい！」と返事をする

POINT

❶ 子どもたちの自主的な行動を見逃さず，「日本代表」の行動と結びつけることで，その行動に大きな価値があることを伝えます。

❷ 今後の行動への期待を伝えることで，その場限りではなく，継続的に行動できる部活動生に育っていくようにします。

（小牟田　ゆう）

「あなたの素晴らしさを感じさせたいとき」のお話

　大人も子どももほめられて嫌な気持ちになる人はいません。私は、このテーマをいただいた際、まず「自身の素晴らしさ」とは何か知りたくなり、周りに聞いてみました。「好きなものを話しているときの笑顔が素敵」「社会科の授業が面白い」などの言葉をいただきました。本当にありがたかったです。自分の良さ（素晴らしさ）を伝えてもらえることは、こんなに嬉しいことなのだと実感できました。同じように生徒にもこの嬉しい気持ちを感じてほしいと考えています。この節の語りを行うときに大切なことは、生徒一人ひとりが「素晴らしさ」を実感できる語りにすることです。

　中学生は初めて自分の進む道を自分で選ぶ「進路選択」がゴールにあります。この際、進学を選んでも、就職を選んでも、ほとんどの生徒が「面接」を体験することになります。そこでは、「あなたの長所を教えてください」「自己PRをお願いします」といったことが求められます。この「自分の長所」「自己PR」に悩む生徒は多いと思います。

　そこで大切なのが、本節の語りです。他者との関わりの中で「違い」を感じ、それが「自分らしさ」だと思えるように、背中を押してあげられるような語りです。そして教室で語りを聴いた生徒が、自分の「らしさ」も周りの「らしさ」も素晴らしいものだと認め合える、そんな空気をつくることが大切です。

この節のポイント
① 「違い」をプラスとして捉える
② 「自分らしさ」を価値づける

「違い」をプラスとして捉える

　人と違うことをするのは不安，という感情はだれしも経験したことがあるのではないでしょうか。とりわけ中学生という時期において「違い」をマイナスに捉えてしまうのは自然なことです。例えば，必要以上に人と比べてしまったり，人前で意見を言うことを恥ずかしがったりという場面は，中学校ではよく見られることだと思います。

　しかし，人と違うことをプラスに捉えて生活し合うことは，個人も集団も成長させるきっかけになります。みなさんも，体育大会や合唱コンクールなどで違いを活かしながら，集団として力を発揮する場面を見たことがあるのではないでしょうか。それぞれ「違い」をもっていながら，お互いにそれらを認め合うことができる「集団」になっていけば，個も集団も大きく成長することになります。

「自分らしさ」を価値づける

　「自分らしさ」と一言に言っても，明確に「これが自分らしさだ！」と言える人は少ないと思います。では，「自分らしさ」とは何なのでしょうか。

　この語りの中では，「らしさ」につながる3つの要素を提案しています。その3つの要素とは，「好きなこと」「得意なこと」「考え方」です。

　1つ目の「好きなこと」には，大きな力があります。将来の仕事につながることもありますし，人生を豊かにする趣味になることもあります。

　2つ目の「得意なこと」は，他者との協力によって，さらに大きな力を生み出すことができます。得意なことが周りと同じでも違っても必ず活かすことができる場があるはずです。

　3つ目の「考え方」には，自分のやりたいことや生き方を見つけるヒントが隠されています。意識しなくても自分の中にある考え方に従って行動し，それが「らしさ」になるのです。

2章　第15節　「あなたの素晴らしさを感じさせたいとき」のお話　　165

第15節　「あなたの素晴らしさを感じさせたいとき」のお話

違うからこそあなたが輝く

>>> 人と違うことの素晴らしさを感じさせるための語り

ねらい　「人と違う」ことを恥ずかしがったり，不安に思ったりする年頃の中学生に，生徒の日記をきっかけとして，「人と違うことの素晴らしさ」について話すことで，「違い」を価値づけ「違うことの良さ」を実感させます。

　この前，日記を読んでいたら，こんな内容がありました。「私の考え方は他の人と違う気がします。こんな私でいいのかなって思ったのだけれど，先生の話を聞いてそれでいいのかもしれないと思って，少しだけ自信になりました」（間をおく）
　みなさんは「こんな私でいいのかな？」と思ったことはありますか？
　この日記を書いた人は，どんな気持ちでこの日記を書いたのでしょうか？　隣の人と相談してみましょう。Aさん，どうですか？（生徒に近づいて）
　「不安……だと思います」
　どうして「不安」なのでしょうか？
　「みんなと同じ方が安心する」「一人になるかも」
　そうですよね。みんなと同じ方が安心しますよね。その気持ち，とてもわかります。では，今日はその不安を少しだけ安心に変えてみましょう！
　（野球をしている写真を見せる）
　野球は何人でしますか？「9人！」

- 落ち着いた声で
  ▶ 多くの生徒が真剣な表情で聞いている

  ▶ ほとんどの生徒がうなずく
- 穏やかに問う
  ▶ 8割ほどの生徒がうなずきながら同意する様子を見せる
  ▶ 数名がつぶやく

- 明るく笑顔で
  ▶ ほとんどの生徒が顔を上げて教師に注目する

166

ではポジションは何がありますか？
「ピッチャー」「キャッチャー」「ショート」……同じ役割はありましたか？「ないです！」

ないですよね！　得意なことが違う9人が集まって，野球という競技が成り立っているんですよね。

どうですか？　「違い」が素敵なものに見えてきませんか？

スポーツだけではないですよ。（鍵盤ハーモニカを出す）鍵盤は一つも同じ音がない，ですよね。「ド」という音も同じ音はないですよね（弾いてみせる）。

違う音が合わさって素敵なハーモニーを創り出しているのです。みなさんも一人ひとり違いますよね！（生徒の顔を見ながら，教室の後ろに移動し，学級目標を指し示す）みんなの顔も，手形も，文字も……十人十色！　いや，34人34色です！

<u>人と違うからこそ一人ひとりが輝くのです。周りと違うことこそが，「あなたらしさ」なのです。それぞれに違う「らしさ」を尊重し合い，「違い」をプラスに捉えましょう！</u>

- ・テンポよく
  - ▶口々に答える
  - ▶「確かに！」などの納得の声が数名からあがる
- ・明るく笑顔で
  - ▶教師の笑顔につられて半数程度が笑顔になり前のめりで聞いている
- ・軽やかに動き，明るい空気をつくる
  - ▶ほとんどの生徒が何かに気づいたような顔をしている
  - ▶教室全体が明るく前向きな空気に包まれる

POINT

❶「人と違う」ことを不安に思う気持ちは，多くの人が経験していることであり，特に中学生は大きな不安を感じていることでしょう。その気持ちに寄り添いつつ，違っていて良いのだと思えるようにします。

❷「違い」があるからこそ一人ひとりが輝くということを，身近な例をもとに伝えることで，「違い」を価値づけます。

（小牟田　ゆう）

第15節 「あなたの素晴らしさを感じさせたいとき」のお話

あなたの「好き」は「世界」を動かす!?

>>> 好きなことを貫く素晴らしさを感じさせるための語り

ねらい 「好き」には自分らしさを引き出す大きな力があります。「好き」に秘められた力を感じられるような話をすることで，自分の「好き」で世界を広げられるという希望をもたせます。

　この前の学級懇談会で，「好きなものや夢中になれるものに出合えるって奇跡みたいなことですよね！」という話で盛り上がったんですよ。
　みなさんは好きなものありますか？「推し」でもいいですよ。（子どもたちの間に入って聞いていく）好きなものを話しているみなさんの笑顔，いいですね！「好き」を語り合える仲間って最高ですよね！
　では，みなさんは，自分の「好き」にどんな力があると思いますか？　周りと少し話してみましょう。
「元気をもらえる」「楽しい気持ちにしてくれる」
（子どもたちの声を聴きながら前に戻っていく）
　なるほど。確かにその通りですね。
　でも，「好き」にはもっと大きな力があると思いませんか？
（少し間をおいて漫画『ONE PIECE』を見せる）
「ONE PIECEだ！」
　そうです。この漫画の作者を知っていますか？

・穏やかな声で
▶ほとんどの生徒がうなずきながら聞いている
▶好きなものを笑顔で口々に言い合う
・雑談する距離感でにぎやかに
▶全員が向き合って笑顔で話をする
▶多くの生徒が話をやめて考える表情をする
▶全員が顔を上げ，漫画に注目する
▶数名がつぶやく

168

尾田栄一郎さんです。尾田さんの漫画は今や世界中で読まれています。尾田さんは4歳で「漫画家」という仕事を知り，中学生の頃には「ジャンプに海賊の漫画を描こう」と思っていたそうです。そして，（漫画の折り込みを見せながら）32巻には「この世は，思った通りになるのだそうで。思った通りにはならないよと思っている人が，思った通りにならなかった場合，思った通りになっているので（後略）」と書いています。どういう意味かわかりますか？

　この言葉は「好きを貫いていけば，この世は思い通りにできる」ということかなと先生は思いました。「漫画が好き」から始まって，世界中を動かしたのだとしたら「好き」の力ってすごいと思います。尾田さんのように「世界中」までは動かせなくても，自分の「世界」や共感してくれた仲間の「世界」を動かす力にはなっているはずです。

　<u>「好き」には「あなたらしさ」が出ます。そして「好き」を極めているうちに，あなたが「世界」を動かすことができるかもしれません。</u>

　みなさんが「好き」を語り合うときの笑顔，本当に素敵でした。これからも「好き」を大切に！

- ・落ち着いた声で
  - ▶ 全員が真剣な表情で聞いている
  - ▶ 半数がよく見ようと前のめりになる
  - ▶ 多くの生徒が考えるような表情，しぐさを見せる
- ・教室全体を見渡しながら話す
  - ▶ 半分以上の生徒が納得の表情を浮かべて聞いている
  - ▶ 笑顔になる生徒，あたたかい空気が徐々に教室全体に広がっていく

POINT
❶ 自分の好きを貫くことは，自分の想像を超える力になるということを，実際に活躍している人を例に伝えます。
❷ 好きなものを多く出し合い，認め合いながら話をして，最後に教師の願いをこめた語りをすることで，楽しくも心に残る時間になるでしょう。

（小牟田　ゆう）

第15節　「あなたの素晴らしさを感じさせたいとき」のお話

あなたの決意があなたの人生をつくる

>>> 自分の決意が今後の人生をつくることを実感させるための語り

ねらい　「立志式」（数え15歳に合わせ，将来への決意を定め，大人への自覚をもつ儀式）で示した決意を思い出させ，大谷選手のエピソードを紹介しながら，教師の思いを伝えることで，決意の言葉が今後の人生の支えとなるようにします。

（全員分の決意の言葉を黒板に貼る）
　先日の立志式でみなさんが発表した言葉です。
「百折不撓」「桜梅桃李」「努力は裏切らない」…
　同じ言葉もありますが，そこにこめた「思い」は違いましたね。（少し間をおいて）立志式に向けての言葉を選ぶ前に，先生が話したことを覚えていますか？　隣の人と確認してみましょう。
「志を立てる」「自分の言葉に責任をもつ」
　そうですね。「立志」とは，「大人」への第一歩として，志を立てること，そしてその志，自分の言葉に責任をもつこと，それが，「立志の決意」であり，自分の人生をつくる，という話をしましたね。
　自分が決めた言葉をもとに常に進化し続ける人生を送っている人がいます。みんなも知っているこの人です。「大谷翔平選手！」「花巻東高校のときの写真！」そうです。目標達成シートも有名ですよね。
　ここ，スピード160km/hとありますよね。実際高校３年生夏の甲子園県予選では，160km/hをマーク

・落ち着いた声で
▶ほとんどの生徒がよく見ようと身を乗り出している

▶全員が互いに向き合って話し合う

・全体を見ながら，ゆっくりと話す
▶ほとんどの生徒がうなずきながら聞いている
・大谷翔平選手の高校時代の写真と目標達成シートを見

したそうです。このときのインタビューに大谷選手は「周囲が無理だと言っても気にせず、自分の力を信じて投げ込んだ結果です」と話していました。

　自分の決意に自信と責任をもち、努力をすれば決意以上の人生をつくることができるのですね。

　（少し間をおいて、黒板にある決意の言葉と同じものを一人ひとりに手渡す）

　さあ、あなたが選んだ大切な言葉をもう一度よく見てください。どんな思いをこめましたか。どんな人生にしたいですか（生徒の間を歩きながら）。

　<u>あなたの人生はだれのものでもない、あなただけのものです。そして「立志式」に向けて真剣に選んだ言葉は「あなたらしさ」です。そしてあなたの人生をつくる上で大切なものになります。</u>

　せっかく選んだ言葉です。悩んだとき、くじけそうなとき、自分の目標に向かってがんばろうとするときなど、人生の節目で思い出してください。「<u>周囲が無理だと言っても気にせず、自分の力を信じて</u>」あなたらしい人生をつくっていきましょう。

出典：高校生新聞ONLINE（2018.4.13）

・真剣な表情で話す
▶数名が「さすが〜！」など感嘆の声をあげる
▶教室全体に納得の表情が広がる

・笑顔で一人ひとりの顔を見ながら
▶ほとんどの生徒が立志の言葉を真剣に見ている
・教室全体を見渡しながら前向きな気持ちで伝える
▶全員が笑顔で爽やかな返事をする

POINT

❶立志式後、自分の決意の言葉に見合う成長をしようとする姿を日頃からほめつつ、一人ひとりが選んだ言葉を価値づけしておくと良いです。

❷義務教育最終学年に進級する子どもたちに、自分で選んだ決意の素晴らしさと、その言葉によって人生がつくられることを伝え、自信をもって前に進むことができるようにします。

（小牟田　ゆう）

第15節 「あなたの素晴らしさを感じさせたいとき」のお話

ナンバーワンチームのその先へ

>>> 一人ひとりの素晴らしさを感じさせ未来への希望をもたせるための語り

卒業式後の最後の学級指導で、一人ひとりの力が集まることで集団として成長できるということを実感できる時間にします。そして次のステップに自信をもって進んでほしいという思いを伝え、未来への希望をもたせます。

　素晴らしい卒業式でした。（学級通信を配る）3年〇組最後の学級通信です。まずはじっくり読みましょう（生徒の間を歩き、表情を見る）。

　（様子を見ながら、生徒一人ひとりの活躍を認め、「ありがとう」を伝えていく）

　Aさん、学級委員長としての大きな学級愛をありがとう。Bさん、学習委員長としての正しさを貫いてくれてありがとう。Cさん、体育大会の素敵な応援歌をありがとう。Dさん、毎日の元気な挨拶をありがとう。……

　（全員に声をかけた後）今日の学級通信にはこの1年間のすべての行事とこのクラス全員の名前が入っています。全員の名前を見つけられましたか？　学級通信を読みながら、みんなで思い出を話してみましょう。

　（生徒の様子を教室の端から見守る）

　さて！　今日は3年〇組最後の日です。先生からみなさんにメッセージを送ります。

・目が合った生徒に笑みを返しながら
▶ 読んでいくうちに笑顔になる生徒、懐かしみ声を発する生徒…
▶ 声をかけられた生徒は全員笑顔になる

・落ち着いた声で
▶ 全員が自由に立ち歩きながら、互いに声をかけ合う

・明るく声を張る
・一人ひとりの顔を見ながらゆっくり

振り返ってみると，最上級生になった頃のみなさんは先輩たちに「憧れ」ていましたね。先輩のようになりたいと。その気持ちが変化したのは2学期の体育大会です。みなさんは燃えて「ナンバーワン」を目指すようになりました。その後，合唱コンクールなどを経験する中で，みんなの絆がより深まりました。3年〇組は「ワンチーム」になりました。そして，受験をみんなで乗り越えて，素晴らしい卒業式を創り上げた，3年〇組34名のみなさん。

　みなさんは，ナンバーワンをも超えました。
（オンリーワンと板書する）

　みなさんは<u>一人ひとりが他のだれとも違う唯一の存在です。そして憧れを超えて，自分の進むべき道を決めた今が，独り立ちのときです。「オンリーワン」の存在であるみなさんなら，どこででも「あなたらしさ」を最大限に発揮できるはずです。</u>この別れを新たな一歩として，あなただけの大切な人生をつくっていってください。応援しています。

　最高の仲間に！　最高の自分に！　全力の拍手をしましょう！

と話す
▶ 徐々に笑顔になる生徒，涙を浮かべる生徒が増えていく

・声色を変えて力強く笑顔で語る
▶ すぐに多くの生徒から声が上がる
▶ 教師の明るい表情が学級全体に広がっていく
▶ さらに笑顔になり，指の骨が折れるほどの拍手をする。立ち上がる生徒が半数ほど見られる

POINT

❶ 34人全員の活躍，34人への感謝を伝えるメッセージをこめた学級通信をもとに，集団の素晴らしさ，そして一人ひとりの素晴らしさを伝える時間にします。

❷ 一人ひとりが「らしさ」を最大限に発揮し，これから先も成長し続けられるような未来へのエールを送ります。

（小牟田　ゆう）

【執筆者紹介】（執筆順）

菊池　省三　　菊池道場道場長
小﨑　良行　　栃木県下野市立石橋中学校
中野　衣織　　佐賀県佐賀市立循誘小学校
楠元　喜子　　福岡県福岡市立若久小学校
前田凜太郎　　佐賀県小城市立牛津小学校
荒木　鉄成　　熊本県南阿蘇村立南阿蘇中学校
久山　耕平　　岡山県総社市立総社西中学校
荒木　理那　　熊本県高森町立高森東学園義務教育学校
中野　秀敏　　佐賀大学教育学部附属小学校
永松　千春　　大分県由布市立挾間中学校
小牟田ゆう　　宮崎県延岡市立南中学校

【著者紹介】

菊池　省三（きくち　しょうぞう）
愛媛県出身。「菊池道場」道場長。
小学校教師として「ほめ言葉のシャワー」など現代の学校現場に即した独自の実践によりコミュニケーション力あふれる教育を目指してきた。
2015年3月に小学校教師を退職。自身の教育実践をより広く伝えるため，執筆・講演を行っている。

菊池道場（きくちどうじょう）

菊池省三　365日の良いお話　中学校
教師の語りで紡ぐ最高の教室

| 2025年2月初版第1刷刊 Ⓒ著　者 | 菊　　池　　省　　三 |
| 2025年6月初版第3刷刊 | 菊　　池　　道　　場 |

発行者　藤　原　光　政
発行所　明治図書出版株式会社
　　　　http://www.meijitosho.co.jp
　　　（企画）茅野　現　（校正）中野真実
　　　〒114-0023　東京都北区滝野川7-46-1
　　　振替00160-5-151318　電話03(5907)6702
　　　　　　ご注文窓口　電話03(5907)6668

＊検印省略　組版所　長　野　印　刷　商　工　株　式　会　社

本書の無断コピーは，著作権・出版権にふれます。ご注意ください。

Printed in Japan　　　　　ISBN978-4-18-526621-5
JASRAC 出 2407716-503
もれなくクーポンがもらえる！読者アンケートはこちらから→

菊池省三 365日シリーズ

菊池省三 365日の学級経営

●A5判・168頁 2,266円（10%税込） 図書番号2165

「ほめ言葉のシャワー」をはじめ、特徴的な実践をもとに荒れた学級を次々に立て直してきた、菊池省三氏。その菊池氏が学級づくりで大切にしてきた、8つのメソッドを解説するとともに、どのようにそのメソッドを生かしながら、1年間の学級づくりを行えばよいか大公開。

菊池省三 365日の価値語

●A5判・144頁 2,046円（10%税込） 図書番号2311

価値語とは、考え方や行動をプラスの方向に導く言葉です。価値語の指導を行うことで、子どもたちの言語環境や心は豊かになり、笑顔になっていきます。学級開きから3学期まで、それぞれの時期にどのような価値語を伝えればよいかをまとめた価値語完全本です。

菊池省三 365日のコミュニケーション指導

●A5判・168頁 2,266円（10%税込） 図書番号2642

「言葉で人を育てる」ことを大切に指導を続けてきた、コミュニケーション教育のプロ・菊池省三氏。本書では、その菊池先生の特徴的な実践を6つのメソッドとして紹介するとともに、1年間の指導の道筋と実例を大公開。コミュニケーション力UPに必携の1冊です。

菊池省三 365日の言葉かけ

●A5判・184頁 2,310円（10%税込） 図書番号3173

本書は、「言葉で人を育てる」という理念を大切に指導を続けてきた菊池省三氏が、「この言葉かけで子どもを育てることができる」と確信した言葉を集めたものです。全国のどの教室にもある授業場面を取り出し、その場面に合った具体的な言葉かけを、140個例示。

明治図書　携帯・スマートフォンからは　**明治図書ONLINEへ**　書籍の検索、注文ができます。▶▶▶

http://www.meijitosho.co.jp　＊併記4桁の図書番号（英数字）でHP、携帯での検索・注文が簡単に行えます。

〒114-0023　東京都北区滝野川7-46-1　ご注文窓口　TEL 03-5907-6668　FAX 050-3156-2790